海外华人研究

国际学术委员会

编委会

教育部人文社会科学重点研究基地
Key Research Institute of Humanities and Social Sciences at Universities

Global Chinese Review

海外华人研究

（第七辑）

暨南大学华侨华人研究院　编

暨南大學出版社
JINAN UNIVERSITY PRESS

中国·广州

图书在版编目（CIP）数据

海外华人研究．第七辑／暨南大学华侨华人研究院编．—广州：暨南大学出版社，2023.12

ISBN 978－7－5668－3858－2

Ⅰ.①海…　Ⅱ.①暨…　Ⅲ.①华人—研究—世界　Ⅳ.①D634.3

中国国家版本馆 CIP 数据核字（2023）第 239604 号

海外华人研究（第七辑）
HAIWAI HUAREN YANJIU（DI-QI JI）
编　者：暨南大学华侨华人研究院

出 版 人： 阳　翼
策　　划： 黄圣英
责任编辑： 詹建林
责任校对： 刘舜怡　陈皓琳
责任印制： 周一丹　郑玉婷

出版发行： 暨南大学出版社（511443）
电　　话： 总编室（8620）37332601
营销部（8620）37332680　37332681　37332682　37332683
传　　真：（8620）37332660（办公室）　37332684（营销部）
网　　址： http://www.jnupress.com
排　　版： 广州市新晨文化发展有限公司
印　　刷： 佛山市浩文彩色印刷有限公司
开　　本： 787mm×960mm　1/16
印　　张： 9.5
字　　数： 163 千
版　　次： 2023 年 12 月第 1 版
印　　次： 2023 年 12 月第 1 次
定　　价： 45.00 元

前　言

《海外华人研究》是由暨南大学教育部人文社会科学重点研究基地——华侨华人研究院主办的专业学术出版物，始终强调海外华人研究的“世界性”和多学科性，研究涵盖华侨、华人、华侨华人与中国关系等相关的研究领域。论文作者来自全球不同国家，旨在为海内外的专家学者提供一个更广阔的学术交流平台。

《海外华人研究》收录精选具有原创性、严谨性的学术论文和书评，包括：从社会学、人类学、政治学、历史学、经济学、地理学、人口学等多学科的视角对当代海外华人问题进行研究探讨；涉及海外华人社会、民族、宗教、妇女问题、华人家庭代际关系、华人饮食习惯、华商以及华人政治参与等不同主题；从当代海外华侨华人与中国关系的视角来研究侨乡、中国侨务政策等方面的文章。此外，也会针对特定主题出版。

第七辑题为“‘一带一路’走廊上的海外华人与中国的互联互通”，是针对“一带一路”背景下的文化和社会经济流动的专题特辑。此次专题的特邀编辑为柯群英教授、沙哈麦·瑞札和张振江教授。我们在此要特别致谢《亚洲社会科学期刊》和爱思维尔出版社同意我们将文章翻译成中文，在《海外华人研究》上以特辑形式进行再发表。

本特辑探讨了中国的“一带一路”倡议与海外华人社会在经济和文化联系方面动态的关系。该辑收录的文章从不同案例出发，共探“一带一路”以文化软实力促进人民之间的联系性，推动了“一带一路”走廊上社会文化和经济活动的流动。本特辑共有 6 篇文章。

第一篇是对整个特辑的介绍性的综述，强调“一带一路”是习近平主席关于“中国梦”论述的一部分，同时也是中国用其软实力推动全球化、促进社会经济和文化方面的流动、加强人与人之间的联系。

第二篇中，沙哈麦·瑞札和米凯·莫利生探讨了“一带一路”对促进专业人才流入中国的间接作用。论文指出，自1978年对外开放以来，随着“一带一路”倡议的提出，科技人才在中国经济中发挥着日益重要的作用，以海外华人和外籍人士为主体的专业人才流向中国的现象日益明显。论文特别关注在中国和国际学术圈之间理工科的高学历人才流动，并指出中国国内的学术研究机会和资金支持吸引了大量海外华人和外籍专业学者来到中国。这些海归人才都是高科技公司、科研机构和大学梦寐以求的，借由中国“千人计划”的政策利好得到工作机会。然而，一些人才由于缺乏关系网络，难以融入中国本土学术环境及社会而最终迁出中国。

第三篇中，高崇和柯群英探讨了中国内地民众与海外华人是如何在中国移民历程和政治变化中挖掘出广州“老字号”这个商机的。论文探讨了在从中国到外国再回到中国的循环迁徙过程中“老字号”企业的流动图景及社会经济轨迹，介绍了在“老字号”迁回国的过程中，“一带一路”倡议如何为这些历史悠久的企业提供了战略机会，引导企业塑造怀旧和文化遗产行业的形象以迎合新的消费模式、调整业务以适应21世纪的新需求。

第四篇中，柯群英研究了中医及传统中草药在中国人健康食品消费和医疗中的深远意义。中医药是“一带一路”平台发展的重要因素。论文探讨了中医药在亚洲和东南亚“一带一路”沿线的传播及其在华侨华人中的传播与发展。论文指出中药产品、凉茶、中药汤剂是中国医药体系的重要组成部分，也是中国文化遗产的重要组成部分。本篇将中药产品的传播与流通视为一种文化传播与交流，从而形成跨民族、跨地域的合作性文化流域。在这一层面，中医药作为重要的文化力量——一种文化软实力，加强了中国内地和海外华人在经济和社会方面的联系。

第五篇中，梁浩瀚与雷蒙·刘研究了港式咖啡馆和港式茶餐厅及其跟随移民向不同华人群体的扩张。论文指出茶餐厅是一种融合了中国工人阶层饮食和西式饮食的混合型咖啡馆。它的出现起初是为了满足中国工人阶层的饮食需求，后在香港社会流行开来。随着“一带一路”的发展，港式茶餐厅还扩展到了亚洲各个国家及多伦多、伦敦等中国移民和专业人士聚集的西方城市。这种结合了工人阶层饮食与西式饮食的咖啡馆在融合中焕发出新的生命力，茶餐厅也成了全球华侨华人思乡情切时的慰藉。

最后一篇中，周英探讨了孔子学院和孔子课堂在泰国的地位作用。论文指出孔子学院是促进中国与发展中国家交流的一种软实力。在泰国，泰国康考德国际学校（CIs）受到泰国政府、皇室和商界的欢迎，他们认为发展 CIs 的汉语教育是一项增进与中国政府和中国商界的社会政治联系及社会经济联系的战略。与此同时，也有反对者对 CIs 学校在当地社区的影响表示不安和恐惧。

在书评部分，我们收录了两篇对新出版的英文著作的评介。来自新加坡国立大学历史系的博士生崔峰对泰国学者瓦沙娜·翁苏拉瓦特（Wasana Wongsurawat）的著作《皇冠与资本家：泰国华人与泰国的建立》展开了评述。书评高度赞扬了作者打破冷战史学观中的华人同化论，论证了华人作为泰国社会不可替代的资产阶级对于泰国在形成现代民族国家的过程中所起的重大作用及影响。但同时，崔峰对书中忽略泰国华人社会阶层的流动性和不稳定提出了批判。来自澳门大学历史系的博士后钟逸明对王苍柏教授的新著《离散华人的博物馆表达：移民历史与祖籍国文化遗产》展开了评述。钟逸明就内容、方法和理论框架上对该书进行了解构，在此基础上，书评人指出了著作的不足，例如书中对中国台湾和新加坡华侨博物馆的忽视。

Preface

Global Chinese Review (*GCR*) is a key academic publication of the Academy of Overseas Chinese Studies, Jinan University, a Key Research Base of Humanities and Social Sciences under Ministry of Education, P. R. C. Its objective is to serve as an academic platform for scholars around the world to share their research findings on Diaspora Chinese and Diaspora Chinese-China connections. It aims for a comprehensive coverage of various topics related to the study of the global Diaspora Chinese and China-global Diaspora Chinese relationship from multi-disciplinary perspectives.

GCR publishes original scholarly multi-disciplinary research works on topics related to Diaspora Chinese and Diaspora Chinese-China connection. We welcome papers dealing with topics on Diaspora Chinese communities across the world: migration, identity, ethnic relations, production and reproduction of Diaspora Chinese religions, food and culture, family and inter-generational relations, women and gender relations, businesses, entrepreneurship and political participations in Diaspora Chinese local communities as well as contributions that explore hometown connections and Chinese Mainland's policies towards Diaspora Chinese and the promotion of economic and cultural diplomacy.

Volume 7 is a special issue dedicated to exploring the cultural and socioeconomic flows in the era of the Belt and Road Initiative (BRI). The guest editors of this special issue are Khun Eng Kuah, Shahamak Rezaei and Zhenjiang Zhang. The guest editors are grateful to *Asian Journal of Social Science* and *Elsevier* for permission to republish the articles in the Chinese language as a special issue of the *Global Chinese Review*.

This special issue explores the dynamic relationship between China's Belt and Road Initiative and the Diaspora Chinese communities in the areas of economic and cultural connectivity. The papers in this volume provide rich case studies of how BRI serves as a soft and cultural power that attempted to facilitate people-to-people connectivity and enhance sociocultural and economic activities along the BRI flowscape. There are 6 chapters in this volume.

It starts with an introductory chapter which provides an overview of the Belt and Road Initiative. It explores this initiative as part of the Xi Jinping's China Dream and as a soft power to promote globalisation, socioeconomic and cultural flow as well as people-to-people connectivity along the different BRI corridors.

The next paper by Rezaei and Mouritzen explores the indirect role of BRI in contributing to mobility of professional talents into China. The paper argues that since the 1978 Open Door Policy, scientific talent have gained an increasingly important role in the Chinese economy, and with the introduction of the BRI, there is an intensification of these professional talent flows which consist of Diaspora Chinese and foreigners who migrate to China. It focuses specifically on the mobile highly educated talents of the STEM disciplines that circulate between China and the international academic environment and argues that academic and research opportunities and funding have attracted a sizeable group of foreign and Diaspora Chinese professionals and academics into China. They are the coveted sea-turtles and seagulls that high-tech companies, research institutes and universities recruited under China's Thousand Talent Scheme. Yet, the lack of relational networks and ability to integrate into the local Chinese academic environment and the wider society has led some of these talents to relocate out of China.

This is followed by the paper by Gao and Kuah which explores how Chinese Mainland and the Diaspora Chinese navigate Guangzhou's time-honoured business (*laozihao*) landscape as they became caught up in the migration movement and political changes in China. The paper explores the flowscape and socio-economic trajectory of these *loazihao* that embarked on a circulatory migration that moved from China to foreign locality and back to China. In relocating back to China, the paper examines how the Belt and Road Initiative has provided a strategic and opportunistic moment for these time-honoured businesses to reinvent its image as part of the nostalgia and heritage industry to cater to the new consumption patterns and realign their business to suit the needs of the modern 21_{st} century.

Kuah's paper examines the continued significance of traditional Chinese Herbal

Medicine (TCM) as part of the Chinese consumption of health food and health treatment process. It is also a key component incorporated into the BRI platform. It explores the flow of TCM along the Asian and Southeast Asian BRI corridors and its expansion into the Chinese Diaspora. It argues that TCM products, herbal tea and herbal soup are important parts of the Chinese medical system as well as an important part of the Chinese cultural heritage. In this paper, the flow of these TCM products is conceptualised as cultural flow and cultural connectivity, resulting in the formation of collaborative cultural basins that straddles across ethnicity and territorial boundary. In this sense, TCM serves as an important cultural power — a variant of soft power — to strengthen connections between Chinese Mainland and Diaspora Chinese at the economic and social fronts.

Next, Leung and Lau explore the Hong Kong style café, *cha chaan teng* and its expansion as it follows the flow of Chinese migration into the various Chinese Diaspora communities. The paper argues that *cha chaan teng* is a hybridized form of café that combines working class Chinese food with western style food. It emerged to cater to the working class Chinese and continues to be popular in the Hong Kong society. Following the flow of the BRI, *cha chaan teng* has also expanded various Asian countries and western cities like Toronto and London where mobility of Chinese migrants and professionals congregated. This working class café with its hybridised local working class food has found a new lease in life and they are now seen as comfort food and cater to the nostalgic feeling of these Chinese migrants and professionals in the global world.

Finally, Zhou's paper explores the role of Confucius Institutes and classrooms in Thailand. It argues that Confucius Institutes are seen as China's soft power to reach out to the developing countries. In the case of Thailand, CIs are embraced by Thai government, royalty and the business community where they see support of CIs as a strategy to increase and strengthen their socio-political and socio-economic relationship with the Chinese government and the business community. At the same time, there are also dissenting voices that expressed discomfort and fear over the roles played by CIs in the local community.

In the book review section, we have Cui Feng, a PhD student from National University of Singapore to review the newly published monograph *The Crown and the*

Capitalists: The Ethnic Chinese and the Founding of the Thai Nation, by the Thai scholar Wasana Wongsurawat. Cui sees the great contribution of the book lie at the ways in which the author breaks away from the Thai-Chinese assimilation theory that was popularized during the Cold War era, and instead argues that Thai-Chinese capitalism played an irreplaceable role in the modern nation-building of Thailand. In the meantime, Cui critically points out that the author has ignored the mobility and fluidity of social classes within the Thai-Chinese society. Zhong Yiming, a post-doctoral fellow at the History Department, University of Macao, contributes a book review on Wang Cangbai's book *Museum Representations of Chinese Diasporas: Migration Histories and the Cultural Heritage of the Homeland.* Zhong first evaluates the structure, method and theorical framework of the book, after which he points out the weakness of the work, e. g. , the author has overlooked the museum representations in Taiwan and Singapore.

目　录

前　言 …………………………………………………………………………………… /1

"一带一路"背景下的文化与社会经济交流概述 ………………………………
　………………………… 柯群英　沙哈麦·瑞札　张振江　张丹彤（译）　/1

"一带一路"倡议（BRI）视角下的人才流动与循环态势——再论全球化人才
　流动 …………………… 沙哈麦·瑞札　米凯·莫利生　彭　帆（译）　/12

纵览广州老字号商业景观：从19世纪流动景观到"一带一路"倡议 …………
　…………………………………………… 高　崇　柯群英　吴　琦（译）　/40

中医药在"一带一路"东南亚走廊中的文化力量 ……………………………
　……………………………… 柯群英　云　超（译）　徐鼎然（译）　/63

"一带一路"背景下文化交流的潜力：以港式茶餐厅为例 …………………
　………………… 梁浩瀚　雷蒙·刘　范家丽（译）　唐　丹（译）　/84

孔子学院在中泰关系中的软实力呈现 ………………………………… 周　英　/105

评瓦沙娜·翁苏拉瓦特著《皇冠与资本家：泰国华人与泰国的建立》 …………
　………………………………………………………………………… 崔　峰　/124

血浓于水：评介王苍柏《离散华人的博物馆表达：移民历史与祖籍国文化遗产》
　………………………………………………………………………… 钟逸明　/129

Contents

Preface ·· /1

Negotiating Cultural and Socio-economic Flows in the Era of Belt and Road Initiatives: An Introductory Overview ···
Khun Eng Kuah, Shahamak Rezaei, Zhenjiang Zhang (Trans: Zhang Dantong) /1

Talent Flowscapes and Circular Mobility in a Belt and Road (BRI) Perspective—Global Talent Flows Revisited ···
··· Shahamak Rezaeia, Mikkel Rønnow Mouritzen (Trans: Peng Fan) /12

Navigating the Landscape of Guangzhou's Time-honoured Business: From the 19th-Century Flowscape to the Belt and Road Initiative ·····································
······························ Chong Gao, Khun Eng Kuah (Trans: Wu Qi) /41

Traditional Chinese Herbal Medicine as Cultural Power along the Southeast Asian Belt and Road Corridor ······ Khun Eng Kuah (Trans: Yun Chao, Xu Dingran) /64

The Potential of Cultural Exchange under the Belt Road Initiative: A Case Study of Hong Kong Style Café (Cha Chaan Teng) ···
········ Ho Hon Leunga, Raymond Lau (Trans: Fan Jiali, Tang Dan) /85

China's Soft Power Display in Sino-Thai Relations through Confucius Institutes ········
·· Zhou Ying /106

Review The Crown and the Capitalists: The Ethnic Chinese and the Founding of the Thai Nation (by Wasana Wongsurawat) ···························· Cui Feng /124

Review Museum Representations of Chinese Diasporas: Migration Histories and the Cultural Heritage of the Homeland (by Cangbai Wang) ········ Zhong Yiming /129

“一带一路”背景下的文化与社会经济交流概述

柯群英（Khun Eng Kuah） 沙哈麦·瑞札（Shahamak Rezaei） 张振江*
张丹彤（译）

【摘　要】本文简要介绍了囊括“六廊六路多国多港”互联互通架构的“一带一路”倡议的发展历程，并探讨了中国政府提出和推行这一倡议的原因。由中国国家主席习近平首次提出的“一带一路”倡议，在一定程度上融合了“中国梦”和“人类命运共同体”。从这个层面上说，“一带一路”既是引导中国内地商业团体和个人“走出去”、与国际商界和全球华人社群建立经济和文化联系的平台，也是全球企业和华人社会加深与中国交流的平台。因此，可以把“一带一路”视为一种文化软实力，促进了沿线各国人民之间的互联互通及社会文化和经济交流。本文通过案例来研究作为一种文化软实力，“一带一路”是如何加强个人与企业的社会文化和经济联系的。

【关键词】软实力；全球文化流动图景；基础设施发展；人类命运共同体；债务陷阱

* 作者简介：柯群英（Khun Eng Kuah），通讯作者，暨南大学国际关系学院/华侨华人研究院教授，研究领域为宗教、海外华人研究。沙哈麦·瑞札（Shahamak Rezaei），丹麦罗斯基尔德大学社会科学与商科系和中国—丹麦科研教育中心教授，研究领域为经济社会学、人才移民、中欧经济关系。张振江，暨南大学国际学院/华侨华人研究院教授，研究领域为国际关系、华侨华人、东南亚、中国外交。

引言

自2013年9月首次提出以来，包括共建丝绸之路经济带重大倡议、共建21世纪海上丝绸之路重大倡议在内的“一带一路”倡议一直被视为中国发展的重要方针政策。习近平在访问哈萨克斯坦和印度尼西亚期间首次提出“一带一路”倡议后，“一带一路”就被视为实现经济协同效应、促进中国及其参与国携手达成目标、加强相互联系的举措。“一带一路”倡议涉及政策、基础设施、贸易、金融、民心相通五个重点领域。“一带一路”沿线包括六大国际经济合作走廊：①新亚欧大陆桥经济走廊；②中国—中亚—西亚经济走廊；③中巴经济走廊；④孟中印缅经济走廊；⑤中蒙俄经济走廊；⑥中国—中南半岛经济走廊。此外，“一带一路”还涵盖了跨越各个大陆的海上走廊。

学者们从各个角度对“一带一路”进行了深入的分析。许多学者从全球贸易和投资的角度来分析其经济效益。因此，金融图景和基础设施图景对于理解中国内地经济与其他经济体，尤其是与发展中国家的沟通交流至关重要。政治学和国际关系领域的学者认为，在完善全球治理和在国际社会发挥中国建设性作用方面，“一带一路”是中国政府提升国家文化软实力的重要组成部分。“一带一路”的另一个重点是民心相通。一些学者从文化维度探讨了中国与“一带一路”沿线国家，特别是与海外华人社群之间的社会文化交流因素，以此形成文化共识，加强人民之间的联系，最后形成合作型的流域文化。

首先，“一带一路”聚焦于六大经济走廊的基础设施建设和商业贸易，包括中国对基础设施项目，如跨越和连接各国城市及国际边界的高速公路、桥梁、铁路和港口的开发投资。世界银行发布的数据显示，中国用于“一带一路”倡议的投资约在1万亿至8万亿美元之间。世界银行指出，“一带一路”的规模过大，有关项目数量、项目规模、参与国家数量的数据有限，难以全面反映其投资规模（世界银行，2019）。

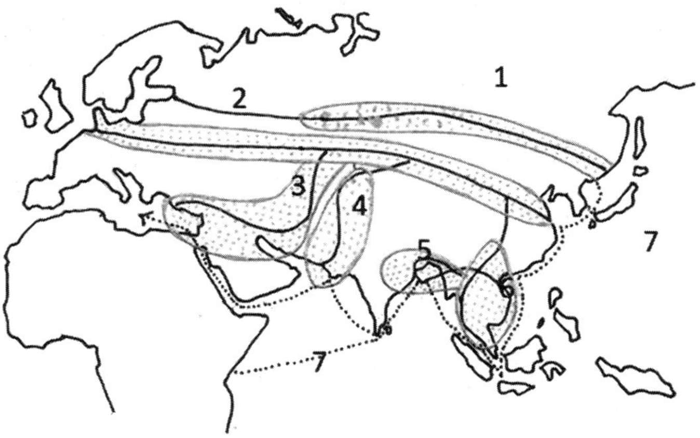

1.中蒙俄经济走廊
2.新亚欧大陆桥经济走廊
3.中国—中亚—西亚经济走廊
4.中巴经济走廊
5.孟中印缅经济走廊
6.中国—中南半岛经济走廊
7.海上经济走廊

图 1　“一带一路”经济走廊示意图（**来源：**Kuah，2019：130）

尽管如此，“一带一路”仍因其大型的基础设施项目和强大的互通性受到广泛认可。近年来，“一带一路”已经延伸至所有的合作领域（Huang，2016）。经济合作组织（简称“经合组织”）（2018）指出，“一带一路”在基础设施建设方面所做出的贡献缩小了区域基础设施发展的显著差距。亚洲基础设施投资银行（AIIB）成立后，“一带一路”满足了地区吸引投资的迫切需求。经合组织的一份报告指出，“一带一路”在世界经济中所占据的份额正在稳步增长。

中国的“一带一路”倡议涉及贸易和基础设施建设，需要结合中国的内部发展经验和自身需求来加以解读。2012 年召开的中国共产党第十八次全国代表大会（简称“中共十八大”）和 2017 年召开的中国共产党第十九次全国代表大会（简称“中共十九大”）是理解中国新发展战略的重要分水岭。就任中国国家主席不到一个月的时间，习近平就启动了“一带一路”项目，以推动中国经济达到更高的水平。中共十九大旨在通过贯彻习近平新时代中国特色社会主义思想来巩固经济发展成果。“一带一路”是实现“中国梦”的一种途径。为此，“一带一路”倡议拟于 2049 年，即中华人民共和国成立 100 年时完成，届时中国将真正成为发达国家（全国人民代表大会，2016）。

自 1978 年改革开放以来，中国的经济建设和基础设施建设发展迅速，并取得了卓越成就。但中国的发展仍不平衡。“一带一路”项目被认为是中国政府致力在2030年之前消除贫困的重要平台，因为中国的消除贫困行动不仅在于借助国内发展和城市化等行之有效的途径，而且希冀通过“一带一路”项目将消除贫困推广到其他发展中国家，这一点非常重要。建设跨境铁路和港口等基础设施，被视为中国和“一带一路”项目沿线国家利用中国政府的大量财政支持开展政府间经济合作的重要渠道。自2013年以来，中国对东南亚合资企业的投资稳步增长，其中包括交通基础设施建设，如横跨主要东南亚大陆国家的云南—新加坡铁路，以及能源、娱乐、金属、房地产和农业建设（《海峡时报》，2019年8月14日）。国际货币基金组织的数据显示，“一带一路”沿线经济体的国内生产总值不断增长。2007年至2017年，中国对沿线国家的出口已从27%上升到34%。截至2020年1月，中国已同138个国家和38个跨国公司签署了200余份共建“一带一路”的合作文件。[①]（表1）

表1 “一带一路”沿线国家区域细分

地区	国家数量
亚洲	43
非洲	40
欧洲	26
美洲	19
大洋洲	10

来源：《“一带一路”将如何增加中国利益》，战略与国际研究中心，中国电力项目，http：//chinapower. csis. org/china – belt – and – road – initiative/，2020年5月18日。

“一带一路”促使中国进军全球价值链上游。作为当今世界第二大经济体，中国在全球贸易中的主导地位也将不断增强（Maçães，2018）。“一带一路”还使中国的经济结构从以农业为基础转变为以科技为基础，从以国内为主转变为以国际为主。在经济转型和经济全球化进程中，粮食、农产品、能源和其他工业材料领域的经济联系和相互依存关系将会增强。这种转型将丰富并扩大中国全球供应

① https：//www. yidaiyilu. gov. cn/xwzx/roll/77298. htm.

链，减少中国对供应链回路中某些领域的依赖（Joshua，2019）。在制造业方面，中国已成为全球生产链中的世界工厂。但出于加强制造业基地建设的需要，中国对资源和原材料的需求始终存在。对此，"一带一路"显得尤为重要。

同样，在技术发展领域，中国正致力于打造知识经济，重点发展人工智能和数字化。此外，"一带一路"让华为、阿里巴巴等大型民营企业走出去并向外扩张，促进了中小型企业向国际化和全球化发展。例如，阿里巴巴已与马来西亚政府达成关于在马来西亚建立数字中心的协议，马来西亚政府已为此提供了土地。

"一带一路"还为中国内地中小型企业与沿线华人社群的中小企业搭建起沟通的桥梁，这一点很关键。同时，"一带一路"促进了当地华人，特别是当地商会和宗亲会的华商与中国内地企业的交流。自该倡议启动以来，中国与"一带一路"走廊沿线国家的经济活动不断增加，业务不断拓展。Zapata - Barrero 和 Rezaei 在 2020 年调查了华人群体在经济活动中的作用，指出实现经济效益同时取决于居住国和祖籍国。中国对华人群体的国家政策是基于国家的实际需要以及与华人群体保持紧密社会联系的愿望而制订的。这体现在吸引华侨华人回国工作的人才计划及加强与在海外项目及公司管理中发挥关键作用的华人的联系，华人群体在推动中国内地企业跨国化和全球化方面发挥着越来越重要的作用（王辉耀、苗绿，2019）。这将有助于推动全球化进程，加快实现中国梦（Liu and Van Dongen，2016）。

"一带一路"倡议是推进中国经济全球化和加强全球文化交流的平台，在全球文化流动的框架下，各国政界人士对此见解不一（Appadurai，1996）。人们常从经济和政治两个角度看待"一带一路"，因为"一带一路"倡议推动了包括经济和文化联系在内的全球化进程，展示了中国的文化软实力。对于约瑟夫·奈这样的学者来说，软实力就是"巧实力"（Nye，2008）。

在中国与"一带一路"沿线国家纷纷建立发展伙伴关系的同时，也有人质疑该倡议的发起动机。美国和欧洲国家对"一带一路"倡议有很多的质疑，他们认为该倡议打压了沿线发展中国家的经济和文化发展。他们还认为，发展中国家启动的重大项目资金来自中国的巨额贷款，这导致了这些发展中国家陷入债务陷阱，而控制权和影响力则最终掌控在中国和中国公司手中（Markus and Li，2019）。一个所谓的例子是斯里兰卡的汉班托塔港。斯里兰卡政府投入巨额资金和贷款建设基础设施使自身陷入了债务危机，于是利用自身区位优势与中国就港口和相关工业中心的建设进行合作，在 2017 年将港口交由中国国有企业招商局控股港口有限公司接管。关于该港口的租赁协议长达 99 年，一些人认为这是中国政府设下的债务陷阱（Chellaney，2017）。

美国和欧洲国家认为，在东南亚和非洲地区也有大量类似的例子。在这些地区沿线国家的国内生产总值中，很大一部分基础设施项目的建设都依靠中国政府发放的贷款。西方国家对此大加挞伐，认为这是一种“债务陷阱”，使中国能够操纵和控制其借贷国。

中国政府意识到了建设基础设施的高额成本和借贷国承受的沉重贷款压力，提议建立一个“债务可持续性框架”，以确保相关项目符合国际基础设施外包标准及环境可持续发展，好比铁路的建设常会以破坏原始雨林为代价（如老挝的铁路建设）①。“一带一路”更像是“裙带外交政策”（Akpaninyie，2019）。

“一带一路”的另一个重点是“民心相通”。2012 年，在习近平担任中国共产党中央委员会总书记后不久，他就提出了国际社会日益成为一个你中有我、我中有你的“命运共同体”的理念和构想。此后不久，以“民心相通”为核心之一的“一带一路”倡议正式实施。2017 年，在达沃斯世界经济论坛上，习近平在演讲中再次强调“人类命运共同体”。随后，这一概念被写入《中华人民共和国宪法修正案》中。2018 年，中国第十三届全国人民代表大会通过了《中华人民共和国宪法修正案》，“人类命运共同体”被正式写入（Rolland，2020：36 - 40；Zhang，2020：90）。一些学者认为，“人类命运共同体”的提出意味着中国的世界观逐步完成了从“中国的世界”到“中国与世界”，最终到“世界中的中国”的转换（Zhang，2020）。

“人类命运共同体”的提出，鼓励中国政府和中国百姓积极开展各种文化项目，以促进沿线国家的“民心相通”。除了其他形式的文化活动，孔子学院自 2004 年成立以来，就在沿线国家得到了大力推广，中国与东道国的学校合作建立孔子学院和孔子课堂。此外，各式各样的文化活动和文化遗产也得到了较好的推广，如对中国美食和中医药的大力宣传，这不仅加强了中国与东道国的社会联系，还促进了全球华人社群的交流，促进了中外人口的相互流动。通过与“一带一路”沿

---

① Knowledge@ Wharton（2019 - 04 - 30）. “China's Belt and Road Initiative：Why the Priceis so High?”, https：//knowledge. wharton. upenn. edu/article/chinas - belt - and - roadinitiative - why - the - price - is - too - high/, 2020 - 05 - 19.

线国家进行形式多样的文化交流，最终实现了合作型文化流域（Kuah，2019）。

合作型文化流域是在“一带一路”沿线的各种文化群体在相互交流中形成的。在商业、教育、旅游和其他形式的文化活动中，不同群体的人民相互交流，建立关系网，分享不同的商业贸易和管理模式、教育知识及其传播，以及包括饮食习惯、医疗制度和文化习俗等在内的文化生活的不同方面。随着时间的推移，“一带一路”带来的共有的文化环境超越了各自的民族景观，将不同背景的群体聚集在一起，形成了文化共同繁荣的景象。同样，“一带一路”也加强了华侨华人与内地的联系，重组并形成了新的华侨华人群体。

特辑概述

本辑的独特之处在于聚焦“一带一路”的文化建设及人民之间的互联互通，特别是中国内地和海外华人社群之间的联系。本特辑将“一带一路”视为文化流动图景和社会经济及社会文化平台。我们认为，“一带一路”作为一个社会经济和社会文化平台，被各参与国视为一种中国软实力的建设，文化软实力是其中的一个部分。首先，中国政府将“一带一路”作为推动全球化进程、创造协同效应、促进本国经济与全球经济，特别是与发展中国家的经济一体化的一项重要倡议。中国还通过向外界介绍中国的教育和文化元素，如孔子学院和汉语，加强各国人民间的联系，促进“民心相通”。其次，“一带一路”还是国内企业与沿线同行建立联系的基础平台。同样地，“一带一路”也被视为世界各地大小企业联系并进入广阔的中国市场的重要经济平台，各国企业积极参与以建立新的商业伙伴关系。最后，“一带一路”促进了中国内地与海外华人间社会经济和文化联系建立、恢复与构建。海外华人更加积极主动地通过现有的家乡联系在内地寻找经济机会，当地政府也通过行动支持“一带一路”的经济繁荣与“民心互通”。

上述三个方面的关键是人口流通，包括专业人才和商业技能流通、企业家和企业流通、沿线中国游客的出入境、华人回乡访问、中外学生的出入境。随着人口流通和各种类型经济活动的开展，文化交流也随之而来。文化成为人与人之间交流的一种重要形式，可以加深不同群体之间的社会文化和社会经济交流。因此，本辑还对“一带一路”文化力量的形成进行了探讨。

本特辑的亮点在于聚焦随着“一带一路”发展，不同团体参与沿线的经济活动而带来的“民心相通”和文化联系。对“一带一路”的经济效益研究往往包括了对基于大量定量数据的总体经济趋势研究。同样，对“一带一路”的政治启示研究也包括对外交关系影响及不同政治大国中主导地位问题的总体趋势研究。本特辑的不同之处在于论文均以实证案例研究为基础，采用了微观社会视角。在该政策背景下，经济环境、人口流动、各国人民间的联系都直接地、间接地或部分地受到“一带一路”政策影响。因此，为了理解其复杂性与可变化性，本辑论文对具体的案例都进行了深入分析。

为了理解其复杂性，论文在实证案例研究中使用了两个主要的理论框架。论文使用了 Appadurai 的关于全球文化流动图景理论，这能帮助我们理解“一带一路”沿线商业和人口流动的重要概念。在此概念下，“一带一路”是一个重要的社会经济和社会文化平台，信息传递和流动在此基础上进行。因此，“一带一路”是一种软实力体现，不仅体现了中国政府的文化软实力，也体现了沿线各国在微观社会层面为实现其目标而使用的文化软实力。

结语

本辑论文以全球文化流动图景和文化软实力为理论框架进行探讨。文化、社会经济交流和文化软实力的运作是一个跨国的过程，该过程跨越了“一带一路”走廊的地缘政治边界，将国内的不同群体和其他国家聚集在一起，以促进事业、企业、人才和文化联通。同时，从中国政府的角度来看，“一带一路”是一种重要的文化软实力，加强了中国与亚洲其他国家的交流，促进了中国内地企业走向亚洲新市场。

本辑论文通过案例研究，探讨和解释了各社会经济团体如何在“一带一路”背景下参与社会经济活动。不论是通过人才流动计划来到中国工作的科学家，还是中小型企业、茶餐厅、老字号、中医或其他行业，“一带一路”都为各个社会经济团体提供了一个平台，以促进各国人民之间的联系，在不同的社会经济群体和个人之间形成关系网络，将关系网络转化为社会资本，促进人才迁出和企业发展。同样地，孔子学院是“一带一路”的一部分，对于孔子学院的案例研究也有助于理解泰国政府和企业如何利用“一带一路”促进中泰关系和中泰贸易发展。

最后，“一带一路”在推进过程中的一些问题，受到批评，本特辑不涉及上述问题，仅略呈所见，有关问题还须另文进行深入研究。

Negotiating Cultural and Socio-economic Flows in the Era of Belt and Road Initiatives: An Introductory Overview

Khun Eng Kuah, Shahamak Rezaei, Zhenjiang Zhang
(Trans: Zhang Dantong)

Abstract: This introductory chapter provides a brief overview of the development of the Belt and Road Initiatives that comprises 6 BRI corridors. It explores the reasons behind the launching and promoting of the BRI by the Mainland Chinese government. The initiative by President Xi Jinping is, in part, the fulfillment of the China Dream and his focus on the "Community of Shared Future for Mankind." In this sense, BRI provides a platform for Mainland Chinese business community and individuals to move out of the comfort of Mainland Chinese society and embark on economic and cultural connectivity with business community and the Chinese Diaspora in the global world. At the same time, BRI also serves as a platform for the global business and Chinese community to reach into China. As such, BRI could be regarded as a soft power and a cultural power that facilitate people – to – people connectivity and enhance sociocultural and economic activities along the BRI flowscape. The papers in this volume each provides a case study of how BRI serves as a soft and cultural power that enables the individuals and the business corporations to expand in their sociocultural and economic connectivity.

Key words: Soft power, Flowscape, Infrastructure development, Community of shared future for mankind, Debt trap

参考文献

[1] Akpaninyie, China's "Debt Diplomacy" is a Misnomer. Call it Crony Diplomacy, *The Diplomat*, https://thediplomat.com/2019/03/chinas – debt – diplomacy – is – a – misnomer – call – it – crony – diplomacy/, 2020 – 05 – 24.

[2] Appadurai, A., *Modernity at large: Cultural dimensions of globalization*,

University of Minnesota Press, 1996.

[3] Centre for Strategic and International Studies, China Power Project, *How will the Belt and Road Initiative Advance China's Interest*, https://chinapower.csis.org/china-belt-and-road-initiative/, 2020-05-18.

[4] Chellaney, B., "China's Debt-Trap Diplomacy", The Strategist, Australian Strategic Policy Institute, https://www.aspistrategist.org.au/chinas-debttrap-diplomacy/, 2020-05-24.

[5] Huang, Y., Understanding China's Belt & Road Initiative: Motivation, framework and assessment, *China Economic Review*, 2016.

[6] Joshua, J., The Belt and Road Initiative and the Global Economy, *The Belt and Road Initiative and the Global Economy*, 2019.

[7] Knowledge@ Wharton, "China's Belt and Road Initiative: Why the Priceis so High?", https://knowledge.wharton.upenn.edu/article/chinas-belt-and-roadinitiative-why-the-price-is-too-high/, 2020-05-19.

[8] Kuah, Khun Eng, China's Soft Power: Culturalisation Along the Belt Road Corridors. In N. Islam ed., *Silk Road to Belt Road: reinventing the past and shaping the future* (pp. 121-145), Springer Nature, 2019.

[9] Liu, Hong and Van Dongen, Els., China's Diaspora Policies as a New Mode of Transnational Governance, *Journal of Contemporary China*, 2016, 25 (102).

[10] Maçães, B., *Belt and Road: A Chinese World Order*, Hurst & Company, 2018.

[11] Markus, T. and Li, Y., *How China's Silk Road Initiative is Changing the Global Economic Landscape*, Routledge, 2019.

[12] Nye, Joseph S. Jr., Public Diplomacy and Soft Power, *The Annals of the American Academy of Political and Social Science*, 2008 (616).

[13] OECD, The Belt and Road Initiative in the Global Trade, Investment and Finance landscape, *OECD Business and Finance Outlook* 2018, OECD Publishing, 2018.

[14] Rolland, N., China's Vision for a New World Order, *National Bureau of Asian Research*, 83 NBR Special Report No. 56, 2020.

[15] Straits Times, "Jump in Chinese Belt and Road investment in S – EAsia: Report", Business Section, https://www.straitstimes.com/business/economy/jump – in – chinese – belt – and – road – investment – in – s – e – asia – report, 2020 – 05 – 18.

[16] 王辉耀、苗绿, *Handbook on China and Globalization*, Edward Elgar Publishing, 2019.

[17] World Bank, Belt and Road Economics: Opportunities and Risks of Transport Corridors, *Belt and Road Economics: Opportunities and Risks of Transport Corridors*, 2019.

[18] Zapata-Barrero, Ricard and Rezaei, Shahamak, Diaspora Governance and Transnational Entrepreneurship: The Rise of an Emerging Social Global Pattern in Migration Studies, *Journal of Ethnic and Migration Studies*, 2020, 46 (10).

[19] Zhang, Zhenjiang, The Community with a Shared Future for Mankind and China's New Worldview, *Pacific Journal*, 2020, 1 (1).

“一带一路”倡议（BRI）视角下的人才流动与循环态势——再论全球化人才流动

沙哈麦·瑞礼（Shahamak Rezaei）　米凯·莫利生（Mikkel Rønnow Mouritzen）*
彭　帆（译）

【摘　要】中国的“一带一路”倡议（BRI）包含了加快人才国际化进程的宏大构想。本文以关系社会学为理论根据，采用定性与定量相结合的方法，围绕学术人才流动这一问题，将影响人才流动的主要因素纳入中国“一带一路”倡议的大背景下，从宏观和微观两个层面进行研究探讨。“一带一路”人才发展政策是长期渐进的过程，因此我们在梳理分析中国1978年改革开放以来的政策以及诸多关于人才建设的规划、计划和项目等基础上对其进行探讨，对阻碍中国吸引、保留人才的主要症结做了分析。我们认为，在“一带一路”框架内建立人际关系，形成的一系列配套的人才政策，是对中国人才策略的深化和拓展。这些发展经验促使中国政府、企业和机构在全球人才争夺战中赢得了先机，本文认为在“一带一路”倡议下推动人民间的互联互通是中国当下人才策略的强化。特别是从微观层面看，我们发现，由于中国社会普遍存在的关系网的桎梏，国际人才和归国移民将自己视为局外人，这阻碍了中国的人才吸引政策的落实，导致学术人才在中国国内和国外往复循环流动。深入研究中国这些具有全球性的经验，对于掌握世界或区域人才流动规律大有裨益。

【关键词】人才流动；人才循环；社会关系；在华外来人员

* 米凯·莫利生（Mikkel Rønnow Mouritzen），丹麦罗斯基勒大学社会科学与商科系教授，中国—丹麦科研教育中心、中国科学院大学教授。

一、“一带一路”倡议沿线的人际交往概述

中国是新兴的世界第二大经济体，展现了友好自信、和平发展的大国形象。为在区域和全球进一步发挥影响，“一带一路”倡议（BRI）在诸多举措中脱颖而出。该倡议全称为“丝绸之路经济带”和“21 世纪海上丝绸之路”，也被称为新丝绸之路。作为重大国际合作项目，“一带一路”倡议旨在通过互联互通、共享经济和社会活动建立新的区域国际合作机制（Kuah，2018）。自 2013 年习近平主席提出该倡议以来，“一带一路”有力推动了中国的开放，以及进一步融入世界经济的步伐（中国英国商会，2019）。对“一带一路”倡议真正的全面理解将随着实践和观察不断深化。“一带一路”倡议也影响了世界政治格局的变化，改变了全球人才流动态势，为中国乃至全世界开展相应的研究和改进高等教育创造了新的条件和机遇（Kirby and Van Der Wende，2019；D'Hooghe，2021；Schneider，2021）。

“一带一路”倡议的实施处于初期，而国际人才竞争早已成为全球劳动力市场的一个重要组成部分。因此，人才流动对我们理解全球化至关重要（Shachar，2006；Solimano，2008，2010；Shachar and Hirschl，2015；Kerr et al.，2016；Kerr，2018；Liu，2019）。吸引和留住全球化人才被纳入中国发展战略和计划，成为提升中国竞争力的重要组成部分（Zweig and Wang，2013；Zweig，Kang and Wang，2020）。随着中国经济的发展，以劳动密集型为基础向以知识和创新密集型为基础的转型，吸引人才的方向也随之发生了转变（Shachar and Hirschl，2013；Zweig and Wang，2013；Harvey，2014；Zweig，Kang and Wang，2020）。

本文从两个方面研究中国的人才流动。首先，要了解中国“一带一路”倡议是否在宏观层面上加强了自身理工科学人才的国际化。全球科技模式的发展与教育层次和水平密切相关，同样也是创业和创新的重要推动力量。正如 Liu 和 Huang（2018）指出的，大多数知识密集型发展模式和大学等机构培养相关人才能力的研究都是在发达国家进行的。而中国作为最大的发展中国家，国际地位日渐重要，但较大的科学理论和科学技术知识差距需要得到解决。为此，就要着重解决好具有国际教育和工作经历的高层次各类人才的招聘、保留、使用和适应力等问题（Liu，2020）。其次，在微观层面，我们通过纵向访谈数据分析探讨社会关系对吸纳中国海归人员和国际研究人员的影响，并进而分析为什么受访者中有

相当一部分人再次离开中国，回到国际研究环境中。

我们采用了索利马诺（Solimano）对学术人才及其流动模式做出的定义，这包括科学家、学者和国际学生的流动。这类人员经常在高校、研究中心和智库工作或学习，致力于生产、获取科学和学术知识（Solimano，2008：4）。Huiyao Wang 和 Yue Bao（2015）也应用了这一定义。他们强调，不论是中国海归人才还是外籍人才，都在中国发挥着至关重要的作用。中国对这两种群体都有数个吸引人才的计划。然而，迁移流动虽越来越多地呈双向发展，但中国仍然是世界上最大的国际人才净输出国，而不是进口国。图 1 显示了呈增长趋势的学生外流情况。根据中国教育部的数据，2017 年，有 145.41 万学生在海外院校学习。最受欢迎的留学目的地仍然是美国和西欧，但选择“一带一路”国家寻求海外教育的中国学生增长高于平均水平（中国教育部，2018）。这种观察到的差异与中国与全球化研究中心（2019）发现相似。该中心同样发现，当中国学生寻求出国留学时，“一带一路”国家正成为越来越受欢迎的目的地。这一趋势加强了中国与受益于这一变化的“一带一路”欧洲国家之间的联系（中国与全球化研究中心，2019）。

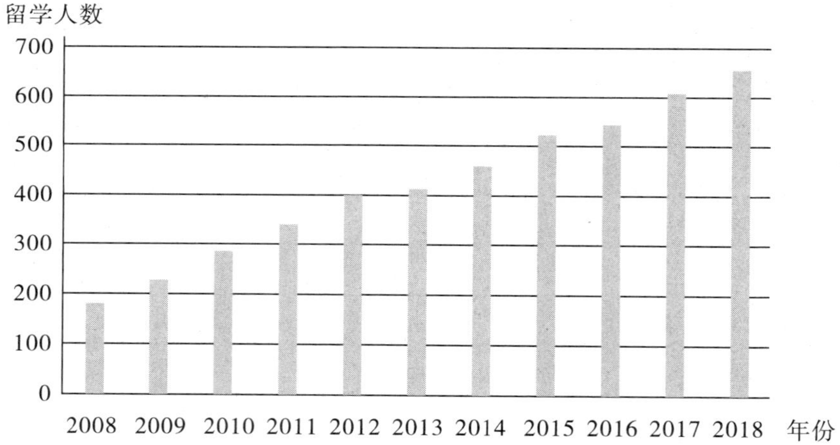

图 1　2008—2018 年中国出国留学人数

出国留学的动机包括获得海外学位，展现全球视野和更好的语言技能，这反过来又增强了归国移民在中国技术劳动力市场上的竞争力。但无论如何，发达国家和地区，尤其是英语国家和地区，仍然是中国学生最受欢迎的留学目的地。当然，留学目的地是多样化的，大多数学生是自费留学，而非英语国家收取的学费更低（中国国家统计局，2018）。

数位学者已经证明，从 1978 年开始的一段较长时间内，中国成功营造出了一种允许学生出国、欢迎学成后归国的氛围和环境（Cao，Suttmeier and Simon，2006；Simon and Cao，2009；Cao，2012；Wang，2013；Zweig and Wang，2013；Wang and Miao，2016；Miao and Wang，2017；Zweig，Kang and Wang，2020）。在本文中，我们也将回顾学界对这段时期研究的成果，从而更好地理解当代人才流动的现状。在此基础上，我们关注"一带一路"倡议实施后出台的相关文件和政策，特别是有利于人才流动的宏观经验。我们还会基于对 27 名回流移民的半结构化纵向访谈来讨论微观层面的经验。所有受访者都是来自"千人计划"项目，我们从 2013 年至 2019 年每半年召集他们一次。在展开上述所有内容之前，我们先介绍用来分析这些数据的理论框架。

二、关系社会学、流动态势与关系网络

关系社会学为研究社会现实问题提供了动态、过程性和连续性的分析工具。关系社会学把宏观和微观的发展看作是在变化的形态内部或之间发生的交流（Emirbayer，1997），因而为研究人才流动奠定了坚实的理论基础。一方面，它关注从有意和无意的行动原因中产生的长期宏观结构，另一方面关注个人及个人所参与的关系网络的作用（Baur and Ernst，2011：119）。关系分析的核心是对人与人行为的多元理解，人与人的行为是他们所参与的关系的产物。对人类行为的社会研究应该关注它们所建立的关系网络。这些网络将个体聚集在一起，形成群体（Kaspersen and Gabriel，2008；Elias，2012：126）。从人才角度看，这个关系网络既包括国家、省、市、高校和研究机构，也包含流转在全球劳动力市场上寻找专业人才的个体。

关系社会学中的过程性方法与阿帕杜莱（Appadurai）提出的流动态势的概念相似。流动态势即动态和过程性的概念，描述了全球化世界中的文化流动。阿帕杜莱将流动态势分为五个核心维度：族群，技术，金融，媒体以及意识形态（Appadurai，1990）。他认为，融资、政治、高技能劳动力与低技能劳动力之间的复杂关系日益推动着技术发展（Appadurai，1990；Heyman and Campbell，2009）。这一现象从人才的角度看很值得关注。阿帕杜莱也强调混沌理论是对这

些不同流动发展的最佳解释。他认为，通过关注流动，有可能揭示“大多数人类社会一直处于与其他社会互动的关系中，形成了交换和流通的领域。因此，社会稳定、不可渗透的边界和种族群体、政治和社区……之间的自然划分受到了严格的审视”（Appadurai，1990）。我们在本文中要运用阿帕杜莱的理论来分析中国在全球人力资本市场上积极招聘人才的策略，从而检验宏观发展和概念性观点的变化。

此外，要从微观层面了解人才流动，我们需依托关系网络概念。有相关文献对这个理论做了深入研究，学者们指出，中国作为一个以“关系”为基础的社会，在微观层面存在着很多阻碍人才流动的间接障碍（Cao，2008；Miao and Wang，2017；Bian，2018；Jensen，2019）。“关系”指的是关系网、人际关系或联系，是可以转化为社会资本的概念。Bian 发现，“关系”在中国社会中具有重要意义，在中国劳动力市场法规制度不健全、不完善的情况下尤其如此（Bian，2018）。他指出，“关系”具有多重性。它们是资源广阔的联系，同时又嵌入了人类情感，成为情感的纽带。关系往往建立在彼此信任和密切的亲属、亲信关系基础之上，而这种特殊的人际关系会通过互利得到强化。同时，关系也有阴暗的一面，如为打通某些流程环节、获得项目资金进行暗箱操作或形成非正式合同（Bian，2018）。不同的关系网络虽然叫法和类型不同，但有许多相同的特征。例如，Njoku 和 Cooney（2020）在他们的文章中研究了一个他们称之为熟人网络的“关系”网（又被称为“ravabet”网络）并将其与其他类型的关系进行了比较，如亲友圈、交换关系（以物换物）和来源国作为商业机会来源（COSBO）网络。他们指出，熟人网络与其他类型的关系网络有相同之处。

亲友圈和熟人关系网都有一个共同的要素：彼此熟悉并可交换利益。亲友圈虽然是家庭内部的关系网络，成员之间仍期待获得某种回报。同样，熟人网络具有相同的要素：以物换物，抱有相同目的的人互相帮助以换取好处。作者指出，熟人网络与 COSBO 模型有共同的要素，即共享一个来源国作为商业机会的来源，从而获取更便利的商业途径和更少的创业痛苦。从这个角度看，“关系”网络和熟人网络与“ravabet”网络有共同之处（Rezaei et al.，2018），因为它们对于信息的传递和流动至关重要。网络可以用来传递信息，因此为了在系统内得到顺利发展，在关系网中占据优势地位和获取信息显得十分重要，而被关系网边缘化的人必须依赖他人获取各类信息（Rezaei et al.，2018）。各类关系网有其积极的一面（Bian，2018；Njoku and Cooney，2020；Rezaei et al.，2018），但对于缺少必要社会资源或良好人际关系的局外人，它们也可能成为一种障碍。在文末，我们将对此做进一步的探讨。

三、中国人才流动的历史脉络

中国科学技术的发展伴随着现代中国经济的发展，尤其是改革开放推进了经济的快速发展。中国人才建设在二十世纪六七十年代与发达国家的差距较大，科学家和技术人员短缺（Cao，2008；Thogersen，2016）。随着1978年的改革开放，国家开始资助学生和研究人员出国，并放宽了对流动的限制。但是，这种改变也带来了问题：归国人员太少。一些比较僵化和滞后的政策使这个问题更为严重。海归人数的减少迫使中国政府曾采取限制学生出国的应对措施（Simon and Cao，2009：218－219；Zweig and Wang，2013；Thogersen，2016）。

1992年，实施社会主义市场经济改革，政策再次发生变化，中国陆续出台了“支持出国留学，鼓励（毕业生）回国，来去自由”的相关政策（Thogersen，2016）。人才国际化趋势再次增强，鼓励中国学者海外学成归国成为高层次人才计划的主要目标。这些计划主要面向45岁以下，从事科学技术工作的学者（Zhu，2019）。

2000年，科学技术作为国家经济发展战略的基石摆在了更加突出的位置。人才工作体现了向知识经济迈进的紧迫性，各项重大举措陆续展开：实施《国家中长期科学和技术发展规划纲要》，人才发展被写入党章，中国专门设立人才工作领导小组，把人才管理列入“十一五”规划中（2006—2010），等等。强化人才在知识经济中第一生产力的作用，中国在全球劳动力市场上参与了人力资本竞争，而不只是进行外国直接投资（Cao，Suttmeier and Simon，2006；中华人民共和国国务院，2006；Wang，2010，2011）。人才管理在“十二五”和“十三五”规划中继续占据突出地位。这些足以说明，围绕人才开启的变革会有力延续下去。

随着一系列政策举措的实施，大量的国家级、省级和市级的人才项目相继推出，不断吸引人才来中国。其中最值得注意的是“千人计划”（1000 plan. org，2018）。该计划大力吸引海外人才，提高人才密集单位和部门的竞争力，比如体育机构、高校和研究中心等，同时招募创新人才和企业家。“千人计划”应该是吸引海外人才最成功的计划（Zweig, Kang and Wang, 2020）。2010 年，该计划扩展到包括外国人才和海外华人，进一步扩大了中国对人才的吸引力（Miao and Wang, 2017）。同年，中共中央、国务院颁发了《国家中长期人才发展规划纲要（2010—2020 年）》。时任主席胡锦涛、副主席习近平、国务院总理和八名政治局委员均隆重出席发布会议。会议期间，胡锦涛主席指出，“人才是最重要的资源，是关系党和国家发展的关键问题”（Wang, 2010）。

四、研究方法

受摩尔斯（Morse）和内豪斯（Neihaus）（2009）的启发，本研究采用了定性定量混合研究方法，以弥合这两种方法在宏观和微观层面的不足。研究利用谅解备忘录、政治文件和机构伙伴关系及联盟的资料，同时也利用了受验对象的海外经历等一手资料。本文部分的分析建立在表 1 所呈现的“一带一路”相关文件的基础之上。在分析过程中，我们始终在理论概念的指导下对材料反复研读和论证，这种方法使我们能够整合不同类别的材料（Altheide, 1987; Silverman, 2009; Bryman, 2012）。研究采用 Nvivo 软件来协调文档的主题编码，对每个文本进行严格的阅读和重读（Silver and Lewins, 2014）。该研究主要关注涉及“一带一路”倡议的英文文件。由于语言所限，所收集的文件偏向于宏观层面以及撰写这些文件的国际背景。该研究还包含了《“十三五”国家科技创新规划》（中华人民共和国国务院，2016）。这份文件之所以被纳入，是因为它是第一个涉及“一带一路”倡议的同类文件，其意义重大，不容遗漏。

通过将文献分析与访谈数据结合起来，我们对最初的概念模型进行了扩展和改进。定性访谈旨在通过社会背景（外生环境）和社会心理特征（如控制点、自立、机会敏感性）之间的相互作用，对创新驱动型和/或归国人员的跨国身份进行审视。虽然中国归国人员可以分为不同的群体，但本研究的范围将仅限于在国外大学获得学位并在国外工作过的高学历和/或研究人员。该方法旨在审查研究目标，以更全面地了解回返迁移民和全球人才流动现象及其对与来源国共享创新知识的影响。纵向定性采访数据是在 2013 年 1 月 1 日至 2019 年 12 月 31 日之间收集的。从 2019 年 1 月起，我们将访谈范围扩大到包括在中国的欧洲研究人员。然而，由于新冠病毒感染疫情的影响，仅限于在欧洲籍旅华人士中收集数据。

表 1　“一带一路”倡议相关文件

文件名称	发行时间	关于人才流动的主要观点
《“十三五”规划纲要》	中国共产党中央委员会/2016	中国将把人才作为发展的第一支撑；中国将努力成为世界上最具人才竞争力的国家之一
《“十三五”国家科技创新规划》	中华人民共和国国务院/2016	更注重吸引人才，人才成为创新发展的动力，对中国未来经济发展至关重要
《推动共建丝绸之路经济带和 21 世纪海上丝绸之路的愿景与行动》	国家发展和改革委员会/2015	建立人与人之间的联系，将其作为合作的重要部分；倡导在科研中心、机构和个人之间展开科学和学术合作；为双边和多边合作以及创新建立必要的人才流动
《推动共建“一带一路”教育行动》	“一带一路”门户网站/2016	通过教育和经验分享来发展人与人之间的联系；培养国内和海外人才；推动区域教育共同发展
《“一带一路”高峰论坛成果清单》	“一带一路”门户网站/2017	倡导在“一带一路”沿线建立科学家合作研究和交流机制；中国承诺培养外国科学家和工程师；中国致力于培养外国科学家和工程师；中国承诺为科学家提供短期驻留
中国—中东欧国家各领域合作文件全文 《第二届“一带一路”国际合作高峰论坛成果清单》	“中国—中东欧国家合作”门户网站/2012—2019 “一带一路”门户网站/2019	自首届“一带一路”高峰论坛起扩大范围；重点发展科技园区；强调高科技创业的作用；倡导探索“一带一路”国家科技合作模式，加强合作与交流；强调建立“一带一路”国际科学组织联盟
“十三五”规划纲要和《“十三五”国家科技创新规划》都是篇幅较长且内容广泛的文件，其他文件虽然相对较短，但更加凸显人才纳入发展驱动力的重要性。《推动共建丝绸之路经济带和 21 世纪海上丝绸之路的愿景与行动》和《推动共建“一带一路”教育行动》是唯一的扩展性文件。与这些全文文件相反的是，首届和第二届《“一带一路”高峰论坛成果清单》和中国—中东欧国家各领域合作文件全文均作为专题标题下的要点印发		

五、“一带一路”倡议对2013—2019年中国人才计划的强化

各类文献资料显示，中国自1978年实施改革开放以来，对外开放政策、各类项目和发展计划都体现了对科技和人才越来越高的关注度。虽然大多数举措都是针对中国人才的派遣和回国，但有几个项目已经为吸引外国人才和外国科研机构来中国大开绿灯。以下“十三五”规划中的引文可以说明，支持人才流动的力度持续不减：把人才作为支撑发展的第一资源，加快推进人才发展体制和政策创新，构建有国际竞争力的人才制度优势，提高人才质量，优化人才结构，加快建设人才强国。（中国共产党中央委员会，2016：29）。

这种人才竞争模式与Shachar所描述的在全球知识经济中对人才的激烈竞争方式类似（Shachar，2006；Shachar and Hirschl，2015）。

五年规划并非个案，还有推动人才流动和人才吸引的若干配套政策计划，如“千人计划”（1000 plan. org，2018），对吸引全球人才来华发出响亮邀请。“十三五”规划将吸引人才与“一带一路”倡议紧密关联，强调通过“一带一路”建立伙伴关系创造，使更多国家，包括人才的互融互通。从“十三五”规划的文字表述看，“一带一路”倡议对中国扩大开放、广泛吸引人才产生了极大推动作用（Kirby and Van Der Wende，2019）：

以“一带一路”建设为统领，丰富对外开放内涵，提高对外开放水平，协同推进战略互信、投资经贸合作、人文交流，努力形成深度融合的互利合作格局，开创对外开放新局面。（中国共产党中央委员会，2016：141）。

扩展后的《“十三五”国家科技创新规划》包含27章内容，是对“十三五”规划的补充，同样强调了“一带一路”倡议对中国扩大开放、吸引人才的重要性，并在第13章专门讨论“一带一路”对中国科学发展的作用（中华人民共和国国务院，2016），凸显了对提升中国人才竞争力的高度重视。正如欧洲发展解决方案咨询公司对《国家重大科技基础设施建设“十三五”规划》的分析报告中指出的：“将国家大型科技基础设施增加到55个，吸引世界上最优秀的人才和启动重大国际科技研究项目，中国的既定目标是成为全球科技领域的主导者”（DEVELOPMENT Solutions Europe，2017：3）。为此，科技经费也在持续增长，“十二五”规划至“十三五”规划期间增加科技支出，从占国内生产总值的1.75%增加到2.1%，“十三五”规划的目标是将研究预算提高到占国内生产总值

的2.5%（DEVELOPMENT Solutions Europe，2016）。

《"十三五"国家科技创新规划》对人才国际化目标更加明确，具体目标是吸引国际人才和启动国际项目（DEVELOPMENT Solutions Europe，2017）。在中国的创新经济中，国际人才和海外华人一同占据了越来越重要的地位。一篇名为《"十二五"和"十三五"国家科技创新规划比较》的报告指出，"十三五"规划更加强调人才对经济发展的驱动作用；"十二五"规划中的"创新驱动发展"变成了"十三五"规划中的"人才驱动发展"（DEVELOPMENT Solutions Europe，2016）。

中国把人才置于经济发展的中心，靠相应的政策规划和计划措施吸引全球人才，将逐步改变人才流动态势。用阿帕杜莱的术语来形容这些变化，就会发现一种截然不同的全球文化流动，包括人才流动。由于阿帕杜莱超越了传统移民理论中的推力、拉力因素，认为中国作为创新型国家，其人才政策导向和国际地位的扩大将加强这种流动态势。这种流动态势变化包括全球科学金融态势、全球技术态势和全球族群态势。尽管与中国庞大的人口规模和总人口流动相比，这种变化几乎看不见，但高层次人才流动仍然值得关注。随着研究的深入，本文将结合"一带一路"倡议相关文件和项目，进一步探讨"一带一路"倡议如何为中国人才政策增添新维度。在表1中，我们列出了本研究中包含的文件，因为它们强调了跨国人才流动的发展和积极的跨国人才交流。

（一）推动共建丝绸之路经济带和21世纪海上丝绸之路的愿景与行动

我们从最基本的文件《推动共建丝绸之路经济带和21世纪海上丝绸之路的愿景与行动》简称（《愿景与行动》）开始，发现建立人与人之间的联系从一开始就是共建"一带一路"的重要组成部分，也是为国家间双边和多边合作奠定基础。学术交流和学术人才流动是一系列广泛合作项目中的组成部分。《愿景与行动》强调，"一带一路"沿线国家相互派遣和接收学生，促进合作办学，作为未来合作和共享人才发展的基础。为实现这一愿景，中国政府计划每年向1万名来自"一带一路"沿线国家的学生提供来华留学奖学金。同时，《愿景与行动》要求促进学术人员和一般企业的交流。因此，"一带一路"倡议是通过不同领域的相互合作交流来为中国创造新的流动因素（国家发展和改革委员会，2015）。

"一带一路"倡议重视学生和学术人员的交流，强调在科学和技术方面进行更广泛的合作，包括与技术转移中心、联合实验室、高校和研究中心的合作。通过加强“一带一路”的科技合作，为解决中国科技和人才短板，提高在该地区的科技创新能力奠定基础。同时，注重构建人才网络，促使跨国人才在“一带一路”国家之间流动。通过以上方式，“一带一路”伙伴关系正在建立跨越国界的、新的更有利的科研交流合作环境。

“共创美好未来”是“一带一路”倡议的目标。研究人员的交流是该倡议的一个核心要素，有两个作用：第一，确保思想、知识和技术在地区国家之间转移；第二，有助于建立对该倡议本身特别是对中国的信任，确保参与的个人和组织对“一带一路”的认可。这两个作用促进了中国在全球格局中角色的变化，使其日益成为一个更有影响力的国家（国家发展和改革委员会，2015）。“一带一路”倡议为中国人才政策拓展了国际空间，将个人和跨国机构联系起来，形成更长的相互依赖链。通过“一带一路”倡议交流的研究人员、学生和工作人员把越来越多的中国项目与国际项目联系起来。只要这些项目是在“一带一路”框架内进行的，在中国就能够执行。

《推动共建“一带一路”教育行动》充分体现了中国在“一带一路”发展中的核心地位。虽然《愿景与行动》涵盖了一系列不同的主体角色，如中国及其他国家，中国的省市以及研究中心、高校、智库等机构，甚至是个人，但未强调哪些角色负责执行政策的哪一部分。《推动共建“一带一路”教育行动》则更明确规定了不同主体角色的责任。在国家层面，它倡导相关部委和国家组织之间进行内部协调，以确保在国际合作方面与“一带一路”倡议相一致。执行计划的大部分是省市和组织机构。（Belt and Road Portal，2016）

（二）当前项目和强化的跨界合作

作为规划中研究机构层面的项目，中国科学院建立了“一带一路”硕士奖学金计划，发起了“一带一路”国际科学组织联盟（ANSO）（中国科学院，2018）。这两个项目在《第二届“一带一路”高峰论坛成果清单》（Belt and Road Portal，2019）上提出。仅 ANSO 就包括了 37 家机构，合作途径是国际合作和招聘。ANSO 致力于促进共同发展，坚持“一带一路”倡议所坚持的“共商、共建、共享”的总体原则，促进共同发展，实现联合国可持续发展目标（ANSO，2019）。这个跨国科技机构的例子不是唯一，还有 2015 年在西安交通大学成立的新丝绸之路大学联盟。该联盟包括 60 多个不同的机构（Yojana Sharma，2015）以及“一带一路”创新合作与技术转移联盟，其目标之一是促进国际技术转让，促进国际培训以及"一带一路"沿线顶尖人才的交流（JITTC，2018）。

另一个略有不同的典型例子是位于比利时天主教鲁汶大学科学园的中国—比利时科技园（Roussi，2019）。尽管这个充满雄心壮志的项目尚未公开，但其被描述为"中欧在以下高技术领域创新与合作的双向大门：生命科学、信息通讯技术和智能制造（中国—比利时科技园，2019）"，至少被认为是中方基于"一带一路"原则建立的项目。这些项目将海外人才与中国联系起来，包括旅居海外的中国人才和其他国际人才。这些发现与 William Kirby 和 Marijik Van Der Wende 的发现很相似，他们也同样认识到了与"一带一路"相关的机构伙伴关系、会议和奖学金的涌现（Kirby and Van Der Wende，2019）。此外，关于这些项目的研究与 Van Der Wende 的观点有相似之处。Robert Tijssen 发现，这些合作呈扩大趋势，将会有更多中国与国际合作的项目出现。他们通过使用科学数据库网络发现：自 2005 年以来，中外学者共同完成的研究论文数量一直在上升。这一趋势意味着中国对共享研究成果和出版物的重视（Van Der Wende and Tijssen，2019）。合著论文数量的增加表明，中国与国际科研领域的联系越来越紧密。中东欧国家"16 + 1"合作（现在是"17 + 1"合作）指导方针也证明了这种关系的加强。尽管中东欧国家"16 + 1"合作始于"一带一路"倡议之前，但已成为"一带一路"倡议的一部分。在这一合作中，我们发现其中包括人才共享，建立技术转移中心、孵化器和创新中心（新华社，2019）。

初步综合这些结果，我们认为"一带一路"的运作基于一个政治基础——改变中国在全球经济中的角色。改变中国角色的一个重要因素是科学和技术领域的稳步发展，这种发展与大多数经合组织国家不相上下。与之相适应的是居留许可进一步放宽、人才吸引政策不断扩展，包括吸引"一带一路"国家的人才政策。因此，中国与世界之间形成了科学领域的相互依存关系，世界人才可以在中国流动。如果借鉴阿帕杜莱所采取的混合方法研究移民，我们认为这些新移民的性质将与过去明显不同。无论是从海外归国人员，还是外籍人才，受全球和本地不同区域相互吸引，都可以流动。人才的流动包括对最优秀、最聪明的人的竞争，以确保技术优势。然而，这些竞争与碰撞不限于国家、地区之间，也包括了当前全球化科学领域中的各级参与者。我们将从微观层面关注这些碰撞。

（三）如何理解"政策向好，但仍有人才离去"的矛盾

Zweig，Siqin 和 Huiyao（2020）在最近的一篇文章中指出，全职回归中国的

仍然不是最优秀、最聪明的人才。但是国家人才政策已经在吸引全职和兼职海外学者方面发挥了作用。尽管国家一直专注于创造物质条件使归国人员或移民到中国相对有所获益，但仍然存在明显的软障碍，即不利的留人环境。

这样的软障碍对人才回流、外籍移民流动和国家吸引人才倡议的落实形成了阻碍。我们进行的 27 个纵向定性交互访谈（2013 年 1 月 1 日至 2019 年 12 月 31 日）旨在揭示其中的一些环境障碍。这些障碍主要与中国关系网络结构有关。在访谈中，受访者详细阐述了为什么海归人员未能将其大部分人力资本优势跟随转移，流动到中国优越的上流社会经济地位。许多归国人员虽被认定为人才，或者加入了各种官方“人才计划”，但仍然考虑返回自己原来居住的国家。在本次研究中，只要受访者还留在中国，我们每年就会对他们进行两次采访。如表 2 所示，这些软障碍导致了大量的再流动，许多人正在考虑再次移民，特别是学术界人士。

表 2　2013—2019 年访谈对象的基本情况数据

编号	性别	年龄	来华前居住国	来华前最高受教育程度（按领域和年份）	来华前的职业	来华后的职业/来华年份	是否考虑离开中国	目前居住国和离开时间
1	男	45	美国	博士，物理，2002	私立研究机构顾问	大学副教授，2011	是	美国，2017
2	男	50	美国	博士，化学，2005	大学研究人员	大学教授，2012	否	美国，2014
3	女	39	美国	博士，牙科学，2009	大学研究员	大学教授，2012	否	
4	男	44	加拿大	博士，机器人学	私立机构	私人研究，自营公司；2012	否	

（续上表）

编号	性别	年龄	来华前居住国	来华前最高受教育程度（按领域和年份）	来华前的职业	来华后的职业/来华年份	是否考虑离开中国	目前居住国和离开时间
5	男	32	美国	博士，信息通信技术，2015	银行信息技术安全	银行信息技术安全，自营公司；2012	否	
6	男	55	澳大利亚	硕士，信息通信技术，1995	信息技术开发人员	信息技术开发人员，自营公司；2011	否	
7	男	52	英国	博士，物理，2000	建筑业	城市开发主管，2013	是	
8	男	49	英国	博士，医学，放射学，2002	放射科主任	大学教授，2015	是	
9	女	41	英国	博士，药理学，2012	私人医药公司	生产总监，制药公司；2015	是	
10	女	38	英国	硕士，信息通信技术，2015	银行信息通信技术	银行信息通信技术领域，2013		英国，2017
11	女	55	英国	硕士，信息通信技术，1995	信息技术开发人员	银行数学工作主管，2015		英国，2019
12	男	50	美国	博士，信息通信技术，2000	信息技术开发人员	总设计师，自营信息技术公司；2013		美国，2014
13	男	50	德国	博士，土木工程，2005	建筑业	建筑业，2011		德国，2015

（续上表）

编号	性别	年龄	来华前居住国	来华前最高受教育程度（按领域和年份）	来华前的职业	来华后的职业/来华年份	是否考虑离开中国	目前居住国和离开时间
14	女	33	德国	博士，医学，2012	肿瘤学	肿瘤学，2012		德国，2013
15	女	55	美国	博士，经济学，2000	大学副教授	大学教授，2012		美国，2014
16	女	30	美国	硕士，药理学，2012	医院药剂师	药剂师生产主任，2013		美国，2014
17	男	49	美国	博士，物理，2008	助理研究员	研究室主任，私有企业；2011		美国，2013
18	男	39	加拿大	博士，数学，2010	银行部门	银行部门，2013		加拿大，2014
19	女	33	加拿大	博士，数学，2014	保险行业	保险行业，2015		加拿大，2018
20	男	51	美国	博士，化学，2000	大学研究员	大学教授，2015	是	
21	男	52	美国	建筑学，1997	建筑师	自营建筑公司，2015	否	
22	男	57	加拿大	博士，微生物学，1999	私立研究机构	主任研究员，私立机构；2011	是	
23	男	47	加拿大	博士，法学，2004	律师事务所/研究员	大学教授（国际法），2015	是	
24	男	35	美国	博士，物理，2013	大学研究员	科技园，私立研究机构；2015	否	
25	男	35	美国	博士，物理，2014	大学研究员	科技园，私立研究机构；2015	是	

（续上表）

编号	性别	年龄	来华前居住国	来华前最高受教育程度（按领域和年份）	来华前的职业	来华后的职业/来华年份	是否考虑离开中国	目前居住国和离开时间
26	女	46	加拿大	建筑学，2001	建筑学	建筑师，自营公司；2014	否	
27	男	50	英国	建筑学，1998	建筑师	建筑师，自营公司；2015	是	

表3总结了半结构化纵向定性实证研究访谈的结果。访谈于2013年至2019年间在北京和上海进行，受访者对他们在中国的经历所做的主观陈述被编码排序（例如，在访谈中出现的次数，强调程度，等等），并提炼浓缩为范畴化概念，体现中国海归人员最典型的特征。

运用关系网络概念对中国移民的经历进行解读，证实了海归人员既经历了关系网络的不利方面，又错失了关系网络的有利方面。但有些人仍会依靠自身努力或已有的关系网络脱颖而出。这些发现似乎印证了Zweig等人的观点（Zweig, Kang and Wang, 2020），即制度不健全会对吸引、留住人才造成阻碍。也说明本土环境可以通过制度改革发生改变。校长、经理和主管本身如果是归国移民，他们倾向于根据个人价值而不是人际关系雇佣员工，也愿意雇佣更多归国人员。因此，中国相关部门通过某些制度改革带来人才环境的积极变化，能够使国际人才在中国更顺畅地获得资源和机会，进而能够有效地留住人才。我们的纵向数据证实，当个人未能突破关系障碍时，他们会再次移民，对留住人才造成困难（Liu, 2020）。近一半的受访者已经离开中国，尤其是学术界的受访者似乎正考虑再移民。这也更有力地证实，他们意识到自己异于他人。在对旅居中国的欧洲研究人员的采访中，以及对欧洲在华科研人员群体和Mouritzen最近进行的调查中也发现了类似的倾向，大多数欧洲研究人员打算在3～5年内离开中国。

表 3　访谈中收到的高频回答——2013—2019 年纵向数据

1	海归，个人主义者	缺乏亲友圈或准亲友圈
2	海归，热爱自由	回避义务性人际关系
3	海归，正为不信任任何人而付出代价	缺乏忠诚；回避义务性人际关系
4	海归，有很强的同理心，但他们的同情心是被动的、口头上的，而不是付诸行动的	缺乏亲友圈 ；回避条件交换
5	海归，没有归属感	缺乏亲友圈或准亲友圈
6	海归，既不参与也不关注中国的政治局势	缺乏忠诚
7	海归，确实已放弃对中国发生根本性变化的任何希望；认为中国的问题是所谓的公共文化问题，而不是一个政治/政府问题	回避亲友圈；圈外人视角中的隐秘文化
8	海归，以不健康的嫉妒型方式将彼此视为竞争对手，而不是采取建设性的方式	意识到自己与众不同；基于个人价值和全球市场来竞争
9	海归，更愿意成为其工作场所里唯一的中国海归。如果又有一名中国海归受聘，他们会不开心（一些受访者用个人主义性格来解释这种模式；他们表示，这是因为他们不想形成“海归群体”，这会更突显自己的“异性”）	意识到自己与众不同；基于个人价值和全球市场来竞争
10	海归，认为本土中国人没有学会合作文化，这可能归因于他们的教育体系	回避义务性关系和条件交换
11	如果一个中国海归和一个西方人结婚，他们的孩子不太可能说中文，并对中国和他们的亲戚一无所知	意识到自己与众不同
12	海归，把自己和原籍国撇清关系，试图让别人相信他们是西方人/美国人/欧洲人等。有些时候，他们声称自己有一种世界主义态度。他们有房子，但没有家	意识到自己与众不同
13	海归，对中国没有任何感情	缺乏亲友圈或准亲友圈

（续上表）

14	海归，不参与任何与中国有关的活动	意识到自己与众不同
15	认为与中国的联系并不密切，只是把中国视为一个很好的工作机会。与因工作原因离开中国的配偶相比，通过家庭团聚到西方国家的中国人更有可能在假期来中国	缺乏亲友圈或准亲友圈；缺乏关心和同情心
16	海归，不以中国为傲，他们通常更愿意说自己"生于国外"，将自己和中国撇清关系	缺乏忠诚
17	海归，重视教育，但不一定把教育作为一种职业手段。对他们很多人来说，教育似乎是服务于一些自我实现	意识到自己与众不同
18	海归，在离婚和患精神疾病方面的比例过高。许多人有孤独感和疏离感	意识到自己与众不同
19	与其他移民相比，异族通婚（中国人和西方人之间）家庭中的孩子通常是无根的，而其他移民则强调其国家和民族背景。几乎没有中国人（无论是跨民族还是单民族婚姻）给他们的孩子取中文名。第二代和第三代，名字通常不是中国人的身份标志	意识到自己与众不同
20	海归，与那些有着相同教育背景且来自中国其他不同城市的人相比，通常认为自己比其他人更聪明、更有才华并且更有价值。这使他们显得傲慢无知	意识到自己与众不同

表4则显示打算继续留在中国工作的人员调查结果，来自 Euraxess 和 Mouritzen 这两个机构进行的流动性调查。该表说明有一些欧洲研究人员打算继续在中国工作。其中，三分之一的受访者尚未做出决定，很难估计他们打算在中国待多久；三分之一受访者打算在1~2年内离开；三分之一的受访者打算在3~5年后离开。这两部分人都流露出留下来不容易的意思。

表 4　计划继续在中国工作的调查结果

计划留华时间	频次	百分比（%）
短期，不到一年	11	11.2
暂时，但仍需相当长一段时间（比如 1～2 年）	19	19.4
更长时间（比如 3～5 年，但不确定）	33	33.7
不确定	35	35.7
总计	98	100

Mouritzen 获得的结果显示：旅居在中国的欧洲理工科人才中也有同样的倾向，他们表示希望在某个阶段返回本国或重新移民。我们得出的结论是，这是移民作为局外人而导致的结果，他们不是关系网络中的既定角色，更依赖于自身价值和透明度。因此，吸引海归和外籍人才关键是增强透明度和体现个人价值标准，使中国营造的拴心留人环境与发达国家具有同等吸引力。移民人才再次离开中国是人才循环的真实体现，将他们的知识和人脉带到其他地方。图 2 简单说明了国际人才在关系网络中是局外人。然而，他们都未明确表示，是否在“一带一路”倡议的影响下选择留下或者离开。我们认为，在“一带一路”倡议背景下，可以通过建立完善相关制度为那些处于关系网络之外的人提供机会，进而产生积极影响。

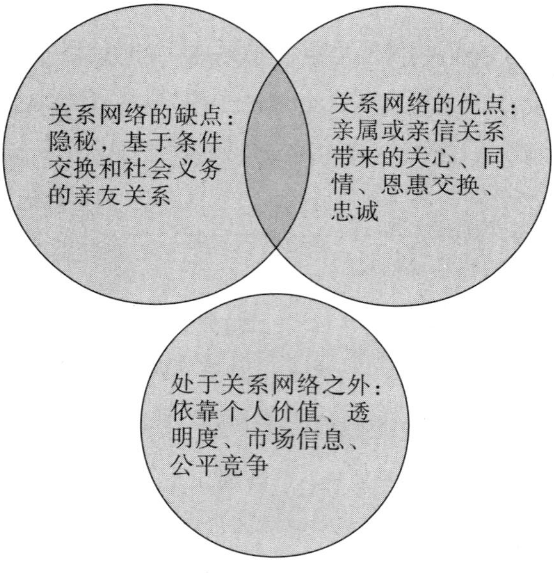

图 2　身处关系网络内外的差别

关系网络（Bian，2018）与熟人网络（Njoku and Cooney，2020）具有一些相似之处，并与 ravabet 网络（Rezaei et al.，2018）具有相同的特性，会将局内人和局外人区分开来，而后者在人才流动问题讨论中更能反映问题的症结。因此，我们认为，来华的中国人才和外籍人才作为异于他人的局外人，无法获得关系网背后的重要信息和资源，相当一部分人很难在该环境中得到发展，从而更容易离开，做出新的选择，不论是兼职还是全职。

（四）本研究局限性与未来研究建议

我们采用混合研究方法（Morse and Niehaus，2009）试图提炼出能同时对宏观和微观层面给予解释的理论和洞见。通过这项研究，我们发现，中国作为世界科技领域的一个关键角色的崛起，对于理解全球化包括现在和未来国际人才的流动至关重要。在进一步了解中国学术界的国际化方面，一些文献非常重要，特别是关于转型经济体中人才管理的文献非常生动，在人才招聘、留住和发展等方面的阐述，对本研究有很多帮助，对中国未来人才建设也将产生持续影响（Fang，2019；Liu，2019）。因此，今后有必要对中国人才国际化流动态势做纵向追踪研究。

此外，从新的角度审视中国的情况也非常有益于丰富关于学术、高技术和研究人员流动的文献，这些人员中不仅有海归，而且还有大量外籍人士。虽然相关研究取得了一些较为显著的成果（Kim，2015；Farrer and Farrer，2019；Larbi and Ashraf，2019；Li et al.，2020；Wang and Chen，2020），但如能扩大调查规模，应该会有更多的发现。我们也没有跟踪研究对象，无法获知他们未来将会如何，这一空白有待进一步探索挖掘。由于在方法论上选择了一个国家，我们未能观察到那些重新移民、回归移民循环流动人员的后续情况。我们必须要了解他们在全球劳动力市场上的公平程度，以及他们在定义未来知识型员工的流动态势方面扮演什么样的角色，但这需要真正跨国性的研究。

六、结论

中国正在从上层着手应对全球化带来的问题，包括人才在全球范围内的流入和流出。在宏观层面，国家变得更愿意，也更有能力为日益国际化的人才和科学研究提供资金。根据 D'Hooghe（2021）和 Schneider（2021）的研究，我们认为"一带一路"倡议是对已经存在的经济转型的强化，将人才、知识型员工等人力资源置于中国经济的中心，这与 D'Hooghe（2021）和 Schneider（2021）的观点一致。这种强化在“一带一路”倡议中得到了体现。本文认为，尽管中国对海归和国际人才都具有新的吸引力，但并不一定能够将人才留在中国。我们通过对海归科研人员和企业家的访谈表明，如果机会渺茫，他们更倾向于在其他地方继续他们的职业生涯。

此外，我们的纵向访谈表明，海归人才经常处于关系网络之外，不论在哪个方面都处于孤立的位置。作为局外人，海归人才和外籍人才都难以在中国扎根。我们发现一些受访者正在其他地方寻求新的机会，尤其是若他们不能表达自己的想法和营造自己的理想环境，他们就会失去关系纽带中的情感因素和相互间的信任，而圈内人可能会更稳固地占据其所处的单位。失去了关系纽带的情感因素，海归人才会转向重建海外联系。我们认为，中国科学界难以有效留住国际型人才将是一个严重的问题，这一发现与 Liu 的观点有相似之处。图 3 显示了一个理论上的建议，说明能否发表意见以及当地环境变化对留住人才的影响。

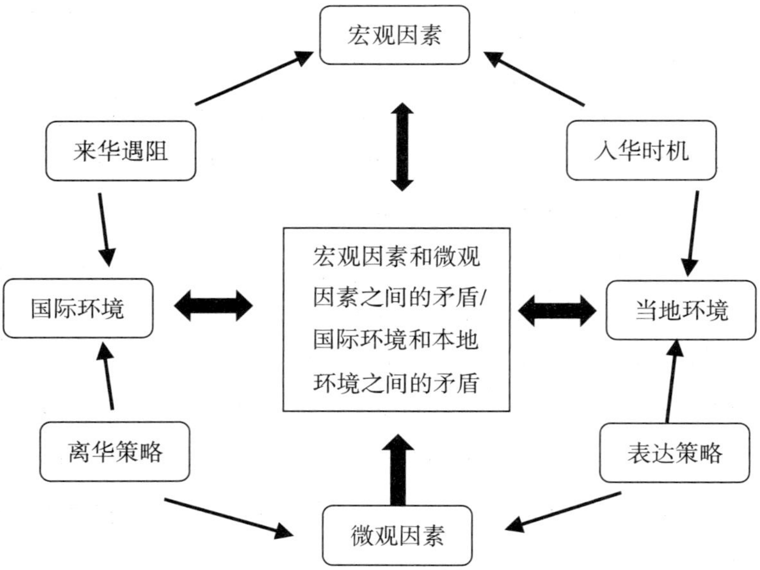

图 3　人才吸引中的宏观、微观因素

图 3 显示，一方面政府试图招聘、保留人才来发展他们的人才库，另一方面人才希望寻求能够发挥其专业潜力和实现个人理想生活的最佳地区。图 3 说明了

这两方面之间的紧张关系。人才流动模式可以选择离开以示不满，也可以留在原地，或是改变他们的环境。正如我们访谈所表明的那样，在当地缺乏发展机会，甚至缺乏发表意见和改善研究氛围的机会，也迫使人才离开当地环境，选择在全球环境中流动。然而，无论是在他们的祖国还是东道国，大多数流动人才从来不会完全流失；无论是归国的中国人才，还是身处中国学术界的外籍人才，都能够在不同的地方进行流动。

Talent Flowscapes and Circular Mobility in a Belt and Road（BRI）Perspective—Global Talent Flows Revisited

Shahamak Rezaei，Mikkel Rønnow Mouritzen

（Trans：Peng Fan）

Abstract：This article brings the role of talent migration to the discussion of China's Belt and Road Initiative（BRI）mainly focusing on academic talents. We explore the foundation for BRI's talent development as a long – term and gradual process building on policies dating back to China's opening in 1978. China's opening saw an increased number of individuals who could improve their skills, knowledge, and network from China globally or inside China from elsewhere on the globe. These global experiences have resulted in the Chinese government, companies, and institutions' necessity to compete for talent or human resources on a global "market". We interpret the call for establishing people-to-people connections within the BRI as an intensification of China's existing talent strategy. However, at a micro-level, we continue to find that international talents and returned migrants perceive themselves as outsiders which hinders China's talent attraction policies and results in a circular movement of academic talents to and from China.

Key words：Talent Mobility, Brain Circulation, Social ties, Guanxi, Migrants in China

参考文献

[1] 1000 plan. org, Our Aim is to Gather the Global Wisdom and Create the China Great Exploit. We will Make the Website as the Most Authoritative and Influential Network Platform to Put the Talents Together! The Thousand Talents Plan Website, http://www. 1000plan. org/en/plan. html, 2018.

[2] Altheide, D. L., Ethnographic Content Analysis, *Qualitative Sociology*, 1987.

[3] ANSO, http://www. anso. org. cn/about/anso/, 2019.

[4] Appadurai, A., Disjuncture and Difference in the Global Cultural Economy, *Theory*, *Culture & Society*, 1990.

[5] Appadurai, A., Globalisation, Anthropology of, *International Encyclopedia of the Social & Behavioral Sciences*: *Second Edition*, 2015.

[6] Baur, N. and Ernst, S., Towards a Process-Oriented methodology: Modern Social Science Research methods and Norbert Elias's Figurational Sociology, *Sociological Review*, 2011.

[7] Belt and Road News, China-Belgium Cooperation under BRI makes Steady Progress-Belt & Road News, https://www. beltandroad. news/2019/04/10/china-belgium-cooperation-under-bri-makes-steady-progress/, 2019.

[8] Belt and Road Portal, Education Action Plan for the Belt and Road Initiative-Belt and Road Portal, https://eng. yidaiyilu. gov. cn/zchj/qwfb/30277. htm, 2016.

[9] Belt and Road Portal. List of deliverables of Belt and Road forum – Belt and Road Portal, https://eng. yidaiyilu. gov. cn/qwyw/rdxw/13698. htm, 2017.

[10] Belt and Road Portal, List of Deliverables of the Second Belt and Road Forum for International Cooperation-Belt and Road Portal, https://eng. yidaiyilu. gov. cn/qwyw/rdxw/88228. htm, 2019.

[11] Bian, Y., The Prevalence and the Increasing Significance of Guanxi, *China Quarterly*, 2018.

[12] Bryman, A., *Social research methods Bryman*', Oxford University Press, 2012.

[13] Cao, C., China's Brain Drain At The High end', *Asian Population Studies*, 2008.

[14] Cao, C. , Science Citation Index, 2012, 11 (5) .

[15] Cao, C. , Suttmeier, R. P. and Simon, D. F. , China's 15 - year Science and Technology Plan, *Physics Today*, 2006.

[16] CAS, Belt and Road Science Alliance Launched in Beijing—Chinese Academy of Sciences, http: //english. cas. cn/newsroom/news/201811/t20181107_201017. shtml, 2018.

[17] CBTC CBTC—The China Belgium Technology Center, http: //www. cbtc. eu/, 2019.

[18] *The 13th Five-Year Plan for Economic and Social Development of the People's Republic of China* (p. 219), Central Compilation and Translation Press, 2016.

[19] CCG, Annual Report on the Development of Chinese Students, 2019.

[20] Studying Abroad, No. 5 - Center for China and Globalization, http: //en. ccg. org. cn/html/publications/2446. html, 2016.

[21] d' Hooghe, I. , "*2 China's BRI and International Cooperation in Higher Education and Research*", in Schneider, F. ed. , Amsterdam University Press, 2021.

[22] DEVELOPMENT Solutions Europe, Advance EU Access to Financial Incentives for Innovation in China, 2016.

[23] DEVELOPMENT Solutions Europe, Advance EU Access to Financial Incentives for Innovation in China, 2017.

[24] Elias, N. , What is Sociology? In M. Artur, Katie Bogner and Liston Stephen eds. , *The Collected Works of Norbert Elias*, University College Dublin Press, 2012.

[25] Emirbayer, M. , Manifesto for a Relational Sociology, *American Journal of Sociology*, 1997.

[26] Fang, T. , China: Talent Management in Transition, *Research Handbook of International Talent Management*, 2019.

[27] Farrer, J. and Farrer, J. Mobile talents, *International Migrants in China's Global City*, 2019.

[28] Heyman, J. M. C. and Campbell, H. , The Anthropology of Global Flows: A Critical Reading of Appadurai's Disjuncture and Difference in the Global Cultural

Economy, *Anthropological Theory*, 2009, 9 (2).

[29] Jensen, S., Chinese Student Mobility, Return Migration, and the Transition into the Labour Market, *Internationalisation and Employability in Higher Education*, 2019.

[30] JITTC, J. C. and I. T. T., Belt and Road Alliance for Collaborative Innovation & Technology Transfer, http://www.jittc.org/beltandroaden/browse/About The League Controller/show About LianMen, 2018.

[31] Kaspersen, L. B. and Gabriel, N., The Importance of Survival Units for Norbert Elias's Figurational Perspective, *Sociological Review*, 2008.

[32] Kerr, Sari Pekkala, Kerr, William, Özden, Çağlar and Parsons, Christopher, Global Talent Flows, *Journal of Economic Perspectives*, 2016.

[33] Kerr, W. R., *The Gift of Global Talent How Migration Shapes Business*, Economy & Society, Stanford University Press, 2018.

[34] Kim, E. C., International professors in China: Prestige maintenance and making sense of teaching abroad, *Current Sociology*, 2015.

[35] Kirby, W. and Van Der Wende, M., The New Silk Road: Implications for higher Education in China and the West? *Cambridge Journal of Regions Economy and Society*, 2019.

[36] Kuah, K. E., China's Soft Power: Culturalisation along the Belt Road Corridors, Silk Road to Belt Road: Reinventing the Past and Shaping the Future, 2018.

[37] Larbi, F. O. and Ashraf, M. A., International Academic Mobility in Chinese Academia: Opportunities and Challenges, *International Migration*, 2019.

[38] Li, Wei, Lo, Lucia, Lu, Yixi, et al., Intellectual Migration: Considering China, *Journal of Ethnic and Migration Studies*, 2021, 47 (12).

[39] Liu, Y., Research Handbook of International Talent Management, Research Hand-book of International Talent Management, 2019.

[40] Liu, Y., Contextualising Risk and Building Resilience: Returnees Versus Local Entrepreneurs in China, *Applied Psychology*, 2020, 69 (2).

[41] Liu, Y. and Huang, Q., University Capability as a Micro-foundation for the

Triple Helix model: The case of China, *Technovation*, 2018.

[42] Miao, L. and Wang, H., *International Migration of China*, Springer, 2017.

[43] Michaels, E., Handfield-Jones, H. and Axelrod, B., *War for Talent (Hardcover)*, Harvard Business School Press Books, 2001.

[44] Ministry of Education, 2017 sees Increase in Number of Chinese Students Studying Abroad and Returning after Overseas Studies, http://en. moe. gov. cn/News/Top_News/201804/t20180404_332354. html, 2018.

[45] Morse, J. and Niehaus, L., Mixed Method Design; Principles and Procedures, *Mixed method design: Principles and procedures*, 2009.

[46] National Bureau of Statistics of China, Number of students from China studying abroad between 2008 and 2018 (in 1 000s), Statista Inc, https://www-statista-com. ep. fjernadgang. kb. dk/statistics/227240/number-of – chinese – students – that – study-abroad /, 2018.

[47] National Development and Reform Commission, Vision and Actions on Jointly Building Silk Road Economic Belt and 21st-Century Maritime Silk Road, White Paper, 2015.

[48] Njoku, K. C. and Cooney, T. M., How Does the Man-Know-Man Network Culture Influence Transnational Entrepreneurship? *Journal of Entrepreneurship and Innovation in Emerging Economies*, 2020.

[49] Rezaei, S., et al., The Resurgence of Bazaar Entrepreneurship: “Ravabet-networking” and the Case of the Persian Carpet Trade, *Informal Ethnic Entrepreneurship: Future Research Paradigms for Creating Innovative Business Activity*, 2018.

[50] Roussi, A., China Charts a Path to Europe, *Nature*, 2019 (569).

[51] Harvey, S., Winning the Global Talent War, *Journal of Chinese Human Resources Management*, 2014.

[52] Schneider, F., *Global Perspectives on China's Belt and Road Initiative*, Amsterdam University Press, 2021.

[53] Shachar, A., *The Race for Talent: Highly Skilled Migrants and Competitive Immigration Regimes*, New York University Law Review, 2006.

[54] Shachar, A. and Hirschl, R., Recruiting Super Talent: The New World of

Selective Migration Regimes, *Indiana Journal of Global Legal Studies*, 2013.

[55] Shachar, A. and Hirschl, R., On Citizenship, States, and Markets, *Political Theory Without Borders: Philosophy, Politics and Society*, 2015 (9).

[56] Silver, C. and Lewins, A., *Using Software in Qualitative Research: A Step-by-Step Guide*, Sage Publication Ltd, 2014.

[57] Silverman, H. I., Qualitative Analysis In Financial Studies: Employing Ethnographic Content Analysis, *Journal of Business & Economics Research (JBER)*, 2009, 7 (5).

[58] Simon, D. F. and Cao, C., *China's Emerging Technological Edge: Assessing the Role of High-End Talent*, Cambridge University Press, 2009.

[59] Solimano, A., *The International Mobility of Talent: Types, Causes, and Development Impact*, Oxford University Press, 2008.

[60] Solimano, A., *International Migration in the Age of Crisis and Globalisation: Historical and Recent Experiences*, Cambridge University Press, 2010.

[61] The British Chamber of Commerce in China, Education on the Belt and Road, 2019.

[62] The State Council of the People's Republic of China, Notice of the State Council on Printing and Distributing the National Science and Technology Innovation Plan of the 13th Five-Year Plan (Chinese), http://www.gov.cn/zhengce/content/2016-08/08/content_5098072.htm, 2016.

[63] The State Council The People's Republic of China, The National Medium- and Long- Term Program for Science and Technology Development (2006 – 2020) II. Guiding Principles, Development Goals, and Overall Deployment 1. Guiding Principles 2. Development Objectives 3. Overall Deployment III. Main Areas and Prior, http://www.etiea.cn/data/attachment/123 (6).pdf, 2006.

[64] Thogersen, S., Chinese Students in Europe: Policies, Experiences and Prospects, *European Review*, 2016.

[65] Wang, B. and Chen, J., Emotions and Migration Aspirations: Western Scholars in China and the Navigation of Aspirational Possibilities, *Journal of Ethnic and Migration Studies*, 2020.

[66] Wang, H. , China's National Talent Plan: Key Measures and Objectives, *Brookings*, *https*: //*www*. brookings. edu/research/chinas – national – talent – plan – key – measures – and – objectives/ , 2010.

[67] Wang, H. , China's National Talent Plan: Key Measures and Objectives, *SSRN*, 2011.

[68] Wang, H. , China's Competition for Global Talents: Strategy, Policy and Recommendations, *SSRN*, 2013.

[69] Wang, H. and Bao, Y. , Reverse Migration in Contemporary China: Returnees, Enterpreneurship and the Chinese Economy, 2015.

[70] Wang, H. and Miao, L. , *China Goes Global*: *How China's Overseas Investment is Trans-Forming its Business Enterprises*, Palgrave Macmillan, 2016.

[71] Van Der Wende, M. and Tijssen, R. , China's Belt and Road Initiative finds new research partners in Europe | Nature Index, *COMMENT*, https: //www. nature-index. com/news-blog/chinas-belt-and-road-initiative-finds-new-research-partners-in-europe, 2019.

[72] Xinhua, Full text of the Dubrovnik Guidelines for Cooperation between China and Central and Eastern European Countries-Xinhua | English. news. cn, http: //www. xinhuanet. com/english/2019 – 04/13/c_137973910. htm, 2019.

[73] Yojana Sharma, University collaboration takes the Silk Road route, https: //www. universityworldnews. com/post. php? story = 20150611130705830, 2015.

[74] Zhu, J. , The Composition and Evolution of China's High-Level Talent Programs in Higher Education, *ECNU Review of Education*, 2019, 2 (1) .

[75] Zweig, D. , Kang, S. and Wang, H. , The Best are yet to Come: State Programs, Domestic Resistance and Reverse Migration of High-level Talent to China, *Journal of Contemporary China*, 2020.

[76] Zweig, D. and Wang, H. , Can China bring back the best? The communist party organises China's search for talent, *China Quarterly*, 2013.

纵览广州老字号商业景观：从19世纪流动景观到“一带一路”倡议*

高　崇** 　柯群英　吴　琦（译）

【摘　要】一般来说，中国老字号往往被看作是长期固定于某个特定地方的商业组织，相关研究也倾向于凸显老字号与本地社区的联系及其地方文化特征。本文选择从流动性视角，分析和讨论广州的老字号在时间和空间、商业运作与文化意义等方面的变动。从19世纪到新中国成立，从1978年的改革开放到近年来的“一带一路”倡议，一些老字号顺势应变，内外联动，联结内地和海外社群。所以，本文认为需要强调老字号的动态性和流动性，在更广泛的社会文化、历史和制度背景里去探讨老字号的多元联系。

【关键词】老字号；流动景观；“一带一路”倡议；遗产和怀旧产业；华裔族群

---

* 本研究得到香港研究资助局资助，为“Re - imagining Old - time Brand Business in Present - day Guangzhou, China: A Relational Work Perspective”项目（项目编号：UGC/FDS15/H07/17）阶段性成果。

** 作者简介：高崇，社会与经济人类学博士，现为香港树仁大学社会学系副教授（博士合作导师），兼任广西民族大学民族学与社会学学院兼职硕士导师。研究领域为经济社会学、老字号商业、企业理论与实践。

一、引言

充满活力而历史悠久的企业，俗称“老字号”。它们虽然立足于本地，但随着中国居民的移民，也被卷入了时代的经济和文化的流变之中。这些买卖人、商人和移民从家乡迁移到海外时，也带去了对自己文化的理解，包括与他们业务相关的文化元素。本文将探讨广州老字号涉及中国和海外华裔社区在两个时期的流动景观和转变。第一个时期从 19 世纪到 1949 年中华人民共和国成立。第二个时期从实施改革开放政策的 1978 年到提出“一带一路”倡议的 2013 年，再到今天。“一带一路”倡议为这些历史悠久的企业提供了战略性机遇，使其重塑和调整其业务，以适应 21 世纪的现代需求。

一些从广州起家的老字号企业并没有留在当地，而是由于经济机会等原因随着业主的移民迁移到了海外。移民过程可被看作一个流动景观，移民及其社会经济、文化活动的流动使其与东道主社区之间产生互动。阿帕杜莱（Appadurai）概述为五种流动景观：民族景观、思想景观、经济景观、技术景观和媒体景观，以体现全球化流动的特征（Appadurai，1996：33）。在这两个时期，特别是随着“一带一路”倡议的发起，人员、思想、商业、技术和信息的流动导致了沿线不同社会经济文化群体之间的高度连接。一些学者强调经济和商业的联系（Du，2016），另一些学者则关注中国和“一带一路”倡议六条走廊沿线国家间的文化联系（Winter，2016）。与流动景观相伴的是作为生意人和移民的人员流动。

我们提出的问题是：为什么这些老字号在中国，同时在华裔群体中越来越受欢迎？

为了了解老字号过去和现在的商业地位和受欢迎程度，本文利用档案资料，包括广州老字号的历史记录、报纸、书籍、期刊等，以获得对其历史背景的了解。本研究旨在弄清广州老字号从 19 世纪到最近几年的流动景观，因此，档案资料对纵向分析非常有帮助。此外，许多老字号企业在当下的广州经历了长期的生存斗争，所以有必要利用档案资料来探讨其连续性和经年累积的知名度。为了了解这些老字号的当代意义，我们在 2018 年和 2019 年夏季对广州老字号商店和公司进行了实地参观和现场观察，还分别于 2018 年 10—11 月和 2019 年 11 月参加了“广府文化节”，于 2019 年 5 月参加了“广州亚洲美食节”。

二、“老字号”企业背景

广州（原名广州府）作为百年商都，在19世纪40年代由于不平等条约而成为中国南方开放的港口城市，自清末以来经历了各种商业活动的兴衰（Chen，2001）。二十世纪二三十年代，在陈济棠治理下，广州迎来了经济现代化的第一个黄金时代。1978年改革开放政策（Aijmer and Ho，2000；Vogel，1989）和2013年“一带一路”倡议之后，广州进入了经济快速发展和现代化的第二阶段。历史悠久和丰富多彩的商业活动史促使各种企业的出现，并在19世纪末到20世纪50年代至今的各种经济和政治动荡及变化中生存下来（Tianet et al.，2018：65；Vogel，1980：156－177）。这些都是广州政府现在试图保护的炙手可热的老字号企业（Gao，2016）。

根据广州市老字号协会的数据，截至2019年广州有129家老字号企业。事实上，与广州庞大的商业企业数量（约137.3万家）相比，老字号的数量非常少。[①] 因此，当我们探讨老字号日益增加的欢迎度时，我们并不关注其商业规模，而是关注一种新现象，即随着近年来“中国人要买国货”的新消费运动，越来越多的中国年轻人正从对外国产品和中外合资产品转向对中国产品的购买（Jia，2021；Xing，2021）。事实上，一些老字号企业已恢复品牌形象，并将其产品重新包装为新的时尚产品来与其他企业竞争，并赢得了许多中国年轻人的心（Yan，2021）。老字号企业越来越受欢迎，这与中国人对老字号企业的关注度越来越高，以及老字号在大众媒体中的知名度越来越高有关。与此相关，由于一些老字号企业可以作为文化大使，促进中国与“一带一路”沿线国家的文化和经济交流，推动“一带一路”倡议的发展也有助于提高其品牌知名度。据悉，到2019年，中国与沿线国家之间货物进出口总额已达1.34万亿美元。[②] 由此，“一带一路”为老字号企业提供了新机遇。目前，由于缺乏相关的统计数据，且没有明确区分老字号企业和年轻企业，还不易估算出“一带一路”合作创造的新商业平台规模。

官方认可的老字号是指迄今在广州有50年以上连续经营历史的企业，是国

① http：//www.gz.gov.cn/zwgk/cssj/content/post_6448007.html，2021－02－18.

② http：//fec.mofcom.gov.cn/article/fwydyl/zgzx/202009/20200903000037.shtml，2021－02－18.

家认证的老字号企业。一些学者认为，新一轮的现代企业是在1978年的改革开放政策之后才在中国出现的，因此，有30年至50年历史的企业可以被视为“现代老字号”（张，2015：9）。这些“现代老字号”是改革开放政策后成长起来的人们生活的一部分，他们在成长过程中会光顾这些老字号。因此，这些“现代老字号”为这些成年人提供了一种怀旧感觉，并被认为是其文化身份的重要组成部分，是以社区为基础的、被当地人认可的老字号。

今天，广州的老字号已经成为当地商业和文化景观的重要组成部分。其地位和知名度得益于当地媒体的关注，如著名的《南方都市报》在2013年下半年用粤语（当地方言）刊登了一系列对老字号的采访。同样，广泛使用的社交媒体应用程序，如新浪微博、微信和QQ聊天，也使老字号能够向个人宣传其业务和特色。此外，这些社交媒体应用程序的互动平台也提高了老字号知名度。这里应该强调媒体的作用，因为这类企业的报道往往不仅在国内，而且在地区和全球范围内传播，进一步提高了老字号企业在全球舞台上的地位。社交媒体提供了在世界范围内实时传递信息的渠道，老字号借用这样的传播平台在华裔族群中间很快声名远播。

三、将“老字号”重塑为“一带一路”时代的“遗产行业”

老字号作为历史悠久的企业，其生存状况引起了从政府到消费者和投资者等不同人群的关注，引起了学术界对其研究的兴趣。商业研究者们倾向于重点关注这一群体在商业运作（Forêt and Mazzalovo，2014）、竞争和营销（Peng and Chao，2012；Tian et al.，2018）以及消费者参与品牌建设（Balmer and Chen，2015；Schroeder et al.，2015）方面的生存力和复原力。还有人研究老字号全球品牌的潜力（Forêt and Mazzalovo，2014；Schroeder et al.，2015），以及将这些老式家族企业转变为注重竞争力和企业社会责任的现代商业实体的必要性（Zhang，2011；Zhang，2015；Yin，2011；Yang，2016）。

社会科学家们从文化和社会政治的角度探讨老字号，将他们视为承载中国文化遗产和传统文化景观的一部分（Hubbert，2010：124－128；Dou，2009）。还有人研究老字号在不断变化的政治格局和移民轨迹中的复原和转变（Ashton，2012；Hubbert，2010）。

老字号中的一个重要群体是中药和食品相关产业。在对一个著名传统中药制造商——成立于1890年的潘高寿制药公司的研究中，Zhang指出中药生产技能是一项重要的中国非物质文化遗产（张，2015）。潘高寿和陈李济（最古老的中药生产企业，成立于1600年）的生产技能都是中国非物质文化遗产，在2008年被列入中国国家级非物质文化遗产名录（窦文涛，2009）。此外，王老吉药业公司（非常著名的凉茶生产商，于1828年开业）的生产技艺也在2006年被列入该名单。

同样，中国的传统饮食文化和相关技能也常常被视为非物质文化遗产。例如，著名的粤菜馆广州酒家（1935年开业）近年来为使粤菜的烹调技术成为可验证的非物质文化遗产做出了巨大努力。这些努力得到了回报，粤菜烹饪技艺在2013年被列为广州市级非物质文化遗产，2015年又被列为广东省省级非物质文化遗产（Lai，2015：132－133）。正如全聚德烤鸭和便宜坊烤鸭，由于在2008年北京奥运会期间所提供的特色食品而提升了中国烹饪非遗载体的形象（Ashton，2012），成为政府用来促进烹饪旅游和老北京形象以及现代北京怀旧食品遗产大使（Ashton，2012；Hubbert，2010）。由此，“通过对老字号知识的建构和推广，知识分子超越了文化和权力的象征制度，进入了文化商品领域，其方式是将知识分子同化到由归属感的市场精神主导的国家项目中”（Hubbert，2010：128）。

老字号企业，特别是那些涉及食品的企业，往往因为提供过去年代的食品而使人产生一种怀旧感。Klein（2010）认为，构成今天广州市民饮食怀旧的，并不是20世纪30—40年代的饮食文化，而是由国营老字号餐馆和茶馆提供给普通居民的美味佳肴，是保存下来的烹饪和饮食方式。由此Klein认为，正是国家发明的烹饪话语被保留下来，成为传统风味和粤菜精髓，与香港的粤菜形成对比（Klein，2007）。地方特色在区域性美食中起着关键作用，并为那些一直生活在本地和外地的人制造了怀旧感觉。Swislocki（2009）对明清时代到改革开放时期上海烹饪的历史研究，显示了当地老字号餐馆为当地人建构了与城市的关系和认同。Swislocki在研究中认为，20世纪30年代的老上海主题餐厅（西餐）吸引了现代上海居民，满足了他们对怀旧食品的渴望。

中国在2013年发起“一带一路”倡议时，许多国家，特别是发展中国家起初都非常高兴，但随后遭到了西方国家的质疑。“一带一路”倡议被认为是古代陆上丝绸之路经济带和跨越海洋的海上丝绸之路的结合，使中国能够与邻国重新建立联系（Tsao，2015；Winter，2016）。

“一带一路”倡议被视为全球经济和国际贸易、地缘政治、全球秩序和国际安全、文化接触和多元文化的一部分（Fatima and Naseer，2019；Zhou and Esteban，2018），促进了中国和“一带一路”沿线国家之间人员、商业、基础设施、思想和文化的双向流动。中国作为“一带一路”倡议的发起者，一直在通过经济合作、文化交流、多边和双边关系，积极致力于加强与其他国家的联系。中国也是建立亚洲基础设施投资银行的积极推动者（Yu，2017）。除了经济方面，一些学者还认为“一带一路”倡议服务于中国非经济地缘的政治动机（Reeves，2018；Tekdal，2018；Wang，2016；Zhou and Esteban，2018），以一种软实力形式（Nye，1990）促进中国在国际舞台上参与国际关系、全球治理、区域和全球安全（Wang，2016；Zhou and Esteban，2018）。

今天，在“一带一路”沿线，中国已经与邻国建立了更紧密的生态和贸易伙伴关系，以应对自身经济放缓和全球市场不确定的问题和压力（Du，2016；Wang，2016）。这也被认为是中国的经济调整和产业升级战略。中国在跨境运输、能源和其他基础设施等项目中已进行了许多努力和投资，目的是促进国际商务交易，提升中国与世界其他国家，特别是发展中国家的现有贸易体系。通过发展更紧密的经济联系和新的交通设施，中国旨在构建一个新的全球商品链，以发挥其巨大的制造能力。从长远来看，中国希望沿着不同通道实施“一带一路”倡议，促成亚洲和非洲国家的参与，创造一种新型的包容性全球化（Liu and Dunford，2016）。

在微观层面上，“一带一路”的引入为老字号企业提供了经济流动，使它们能够重塑形象，振兴和扩大业务，超越地方社区。“一带一路”经济走廊还有大量信息和联系，有助于老字号企业在业务增长的不同阶段去寻找外部商业伙伴。

四、珠江沿岸广州“老字号”和“一带一路”华裔社区

广州——位于珠江流域的港口城市，历史上一直是贸易中心。在今天继续发挥着“一带一路”的重要贸易节点作用。从早期开始，广州老字号产品就被认为是广东特产。纵观历史，这些广东产品早已经进入世界各地的华语社区，特别受到讲粤语华人的青睐。香港和澳门由于在地理上靠近广州，成为这些老字号企业扩展和重建三地之间经济合作关系的理想场所。即使在1978年改革开放政策之前几十年，海内外的交流受到限制时，香港和澳门仍然保持与内地之间的开放

和通行。

除了地缘相近，与早年定居在东南亚（南洋）和北美（金山）的中国移民的联系仍然是重要的民族景观，将这些移民与家乡联系起来。早期移民最初往往把自己看作寄居者，而早期中国政府则把他们看作海外华人（华侨）（Wang，1996）。最终回国的愿望不可避免地推动其继续与家乡保持紧密的社会联系。纵观历史，本土和海外华人之间的社会联系并不是单一的过程。这是一个循环的过程，中国移民的流动往往与经济文化元素的流动相伴。老字号也一直密切关注着这种循环流动。自 1978 年改革开放政策和 2013 年“一带一路”倡议以来，广州和其他地区都制定了政策，鼓励华裔与其广东、福建的家乡（侨乡）重新建立联系（Yow，2013；Zhou and Ke，2003；Kuah-Pearce，2011）。例如，国务院侨办和广东省侨办从广州酒家派出一个大师级的厨师团队，于 2011 年到访拉美国家（墨西哥、多米尼加、巴拿马），2012 年到访大洋洲国家（斐济、澳大利亚、大溪地），2013 年到访欧洲国家（瑞典、丹麦），目的是为这些国家的海外华人烹制难忘的家乡菜（Lai，2015：232－239）。显然，这里粤菜被刻意用来作为社会文化纽带，促进海外广东人社区与家乡保持联系。

鼓励华侨华人到国内经商、寻根或旅游，不可避免地引发华人群体间的更多互动，同时也使他们对老字号产品更感兴趣和对文化遗产更深理解，进而提高老字号在海外华人眼中的经济和社会文化价值。

以下四个案例旨在说明移民间的联系、广州华人和华裔间的经济往来、中国国家和老字号在两个时期的复兴：①1949 年以前至 1978 年改革开放；②2013 年的“一带一路”倡议至今。

案例 1：顺记冰室

为了了解中国和华裔群体之间的循环迁移和重新联系，本案例将研究探讨吕先生在 20 世纪 30 年代初建立的顺记雪糕店。吕先生从广东移民泰国，在其姑妈所开的雪糕店工作（Lü，1989：200）。他在泰国学会了制作雪糕的技能，并开了一间小店。20 世纪 30 年代初，由于家庭原因，他和家人从泰国搬到中国香港，在九龙区开了一家雪糕店（Lü，1989：200）。1941 年末，香港被日军侵占，吕氏家族关闭了生意，搬回广州，重新开了一家顺记雪糕店。顺记雪糕店在 1956 年被收归国有，吕氏家族一些成员选择留在广州，一些成员又搬到香港（Lü，

1989：204）。从 1956 年到 80 年代末，“广州顺记”被国有餐饮服务公司合并，然后分包给该公司的一名前雇员，一直经营到今天（广州荣华公司，2001）。在 2018 年 6 月的广州之行中，我们参观了 1941 年以来一直位于原址的顺记雪糕店（顺记冰室）。这家老字号继续吸引着人们食用该店制作的雪糕、甜点和配菜。尽管雪糕是一种来自西方的进口食品，但顺记冰室的雪糕一直被当地居民和具有不同民族文化背景的游客视为真正的广州味道。多年来，顺记的持续经营使其成为广州城市饮食景观的重要组成部分。图 1 显示了顺记的流动景观及其创始人家族的地理流动情况。

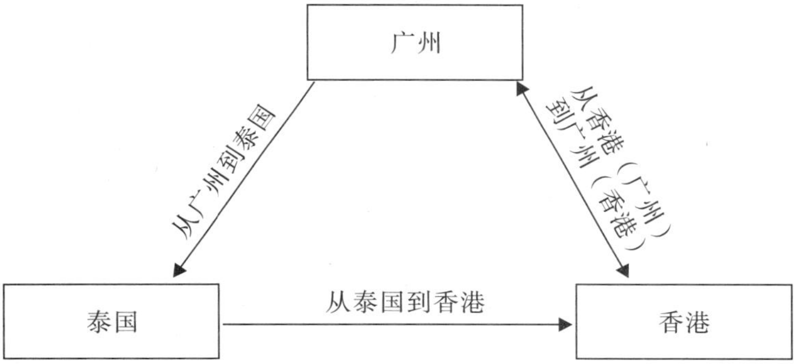

图 1　顺记的流动景观及其创始人家族的地理流动

图 2　顺记冰室（高崇摄）

在与现代雪糕店激烈的竞争中，顺记冰室的持续经营表现出一个小型本土老字号的顽强生命力。其自制雪糕结合了现代和传统口味，其传统中式甜点获得了稳定的忠实客户。正是这些具有传统风味的非商业化店内制作的雪糕产品，为顾客提供了对过往时光的怀念和旧时代的回忆。

“一带一路”倡议促使越来越多身居海外的华人企业家、商人、专业人士和游客到广州出差或游玩。享有国家和社区认可老字号地位的顺记冰室，自然吸引了不同的海外华人群体到店，满足他们对正宗中国传统甜品的渴望和怀旧消费。

案例 2：大同酒家

第二个案例是关于老字号茶楼。广州因其历史悠久的茶楼而广为人知。1949 年之前，广州有三个主要的茶楼投资者，他们被称为“茶楼大亨”，在广州、香港和澳门开设了许多茶馆和中餐馆并促进了珠江流域茶馆文化的发展（Feng，1990a：6－7）。

早年，这些商人中的一些人利用现代商业惯例，在公司品牌下建立连锁茶楼。有十几个广州商人建立了连锁茶楼，每个连锁茶楼在广州和香港都拥有三到四家分店（Feng，1990a：7）。例如，莲香楼成立于 1910 年，其老板利用在广州赚取的大量利润，于 1918 年至 1928 年期间在香港开设了两家分店（Feng，1990b：32）。

1949 年中华人民共和国成立后，许多茶馆采取不同的策略以求生存。广州解放前夕，一些商人搬到了香港，并将生意迁往香港。成立于 20 世纪 40 年代初的大同酒家便是一例。店主将这家著名的粤菜馆迁到香港，并将一些员工派到他在香港的另一家餐馆工作（Guan，2001：53）。广州大同饭店被空置，后来成为一家集体所有制企业，其工人也都转成集体所有制。

另一个策略是与市政府合作，将现有的企业和茶馆划归国家所有。从 20 世纪 50 年代中期到 70 年代末，这些企业被重组，变成了国有或集体所有制企业，并被纳入全国性计划经济。在随后的几年里，持续的政治运动对广州老字号的组织形式、产品、客户、分销机制和创收都产生了巨大的影响（Klein，2010：58－63；Vogel，1980：321－354）。

随着 1978 年改革开放政策的实施，一些转归国有或集体的私有企业以分包的形式重新获得经营权。在这一时期，中国重新向外部投资者敞开大门，要求国有和集体所有制企业进行改革，并与社会主义市场经济接轨（Vogel，1989）。许多国家政策发生了变化，开放了中国经济，使广州企业和华裔群体重新建立了联系，重建社会商业网络。这一点尤为重要，因为三十年的封闭经济使这些企业远远落后于“亚洲四小龙”国家的华企。

作为集体所有制企业，大同酒家以计划经济时代的管理方式运作，缺乏新观念、新管理方式、多样化的菜肴和现代的餐厅氛围。其现代化进程停滞不前，无法吸引新顾客。为了实现从旧的沉闷形象到新形象的转变，大同酒家与香港富茂公司合作并建立了伙伴关系（Guan，2001：54－55）。新资本的注入和企业文化的采用，使得这家老牌餐厅转变为现代化港式餐厅，专注于高品质的食物、顾客服务和餐厅氛围。在香港富茂公司的帮助下，大同酒家获得优质进口小麦粉市场准入，使得该餐厅能够制作标志性点心，并在不断扩大的菜单中增加香港当地食品和海鲜。此外，这种商业合作关系也促进了技能转移，使其于1986年开立了第一家售卖西式蛋糕、饼干、面包的西式烘焙坊。传统粤菜和香港新品的结合使大同酒家赢得了广州本地人、港澳同胞及海外华人的喜爱。从20世纪80年代开始，粤曲表演使大同酒家在喜欢民乐的广州老年人中大受追捧。

在这个案例研究中，我们再次看到了中国内地和香港华人之间的紧密联系，以及因政治变化在不同时期循环于两个华人群体之间的流动景观。从广州搬到香港是因为中国时局的变化。同时，把大同酒家吸收为国有企业的战略举措，确保了在集体化时代该饭店的继续经营。最后，随着1978年的改革开放，国有化的大同酒家在80年代和90年代与香港富茂公司建立合资企业。通过新的管理和伙伴关系，大同酒家引进新技术和新产品，重新塑造形象，以恢复广东烹饪领导者的地位。2002年，大同酒家彻底转型为私有企业。随着2013年“一带一路”倡议的开展和海外华人游客的增加，大同酒家抓住新机遇，于2018年搬进了一个名为中信广场的豪华购物商场，增加了这个在现代广州环境中提供高品质粤菜的老字号的经济文化价值。

案例3：太平馆

“一带一路”倡议为华裔族群提供了机会。利用这些政策，他们不仅与中国企业和亲属，而且与祖籍家庭重新建立了联系。通过与当地政府建立更紧密的联系，一些海外华人试图收回在集体化时代被没收的企业和财产。例如太平馆（Taiping Koon Restaurant）。

太平馆由广州人徐老高于1860年建立，专门经营用中国酱料烹制的西餐（Xiao，2001）。20世纪20年代和30年代，徐老高的两个儿子把太平馆经营得非常成功，因此又在广州设立了两家分店，在香港设立了一家分店。1938年至1945年日本占领广州期间，徐家搬到香港，在那里继续经营餐厅。

1945年日本投降后，徐家回到广州，重新开设太平馆。1949年新中国成立前夕再次搬回香港，并留下了餐馆。在1978年改革开放之前的几年里，广州太平馆被市政府接管，然后并入一家叫作“广州市饮食服务公司”的国有企业。在这一时期，太平馆的地位得到了提升，广东省、广州市地方和省级领导人都认为它是一个重要地标而密切关注，并为该餐厅分配了更多的资金和商业空间，设法确保其进一步发展成为重要的文化地标（Huang，1982：219）。

为了确保其生存，1994年太平馆业务被转包给一位香港商人，后来在2003年，又转给了一家广州私人公司。一方面，对于许多广州本地居民来说，太平馆的继续经营提供了很好的机会和空间，使他们能够怀念过去与家人、亲戚和朋友在一起的时光。另一方面，太平馆（香港）的一些老顾客通常有一种怀旧感，追忆他们自己在广州生活的日子或怀念1949年后留守广州的家人与亲友（Xu，2007）。

2002年，中国政府实施了一项政策，将执政初期没收的商业财产归还其合法所有者。这些业主中许多人都生活在华裔社区中。这成为太平馆业主的后人收回餐厅的转折点。香港商人徐锡安（徐家第五代后裔）试图从广州政府手中收回该餐厅。他成功地收回了餐馆所在地产权，但由于经营权给了广州一家私有公司而无法收回太平馆。① 餐馆经营者需要向徐家支付租金。接下来的几年，由于租金过高，经营者打算关闭该餐厅。徐锡安再次有意收回。然而，经营者又改变了想法。这意味着徐锡安再次与祖产失之交臂。今天，这家私人公司继续经营着太平馆。

太平馆案例展示了在“一带一路”时期，华裔越来越有信心与中国当地政府合作，收回在新中国成立初期被接管的财产和企业。然而华裔收回房产房屋等有形结构固然容易，收回企业却非常不易。各方之间需要进行广泛的谈判以达成其要求。现在这些老字号被认为是文化遗产和“怀旧”产业的一部分，所以受

① http：//news. southcn. com/dishi/guangzhou/jingji/200502250141. htm，2020 - 05 - 17.

到高度追捧。

案例4：“老字号”酒店

广州有四家历史悠久的品牌酒店，即爱群酒店、东亚酒店、新亚酒店和新华酒店。20世纪初，从不同国家回广州投资新财富的华侨建立了这四家老字号酒店。例如，来自美国、新加坡和新西兰的华侨于1927年开设新亚酒店（Xian，1986）。由于在海外与中国的联系，新亚酒店从华侨中招募了台山同乡作为股东和高层管理人员（高和李，1990）。同样，1937年开业的爱群酒店，资金来自新加坡和香港的华侨（CPPCC Yuexue Committee，2009：123）。东亚酒店1914年由一位华侨商人创立（Wang and Ye，2001：145－146）。这些酒店的建筑风格和接待服务都可以被看作广州在20世纪20年代和30年代成功跟上西方资本主义经济发展步伐的标志。在这个意义上，它们可以被理解为老广州辉煌历史的一部分，以及当代广州的商业遗产。

例如，爱群酒店在1937年开业时，这座15层高的建筑（占地800平方米，高64米）是广州和华南地区最高的建筑，这一纪录保持了30年（大华国，2014：136－138）。其建筑风格是美国摩天大楼、广东骑楼建筑，以及20世纪30年代在西方世界流行艺术装饰风格的混合。酒店配备了当时世界先进的设施，包括电梯、空调、客房电话、浴缸、舞厅和西餐厅。爱群酒店在当时被认为是华南地区顶级豪华酒店，只有高级官员和富豪才能进入。它不对一般公众开放，普通人

图3　爱群酒店（高崇助理摄）

无法进入该酒店。它成为一个象征，那些梦想赚大钱的人都想住进这个酒店。（CPPCC Yuexue Committee，2009：123－125）。

据报道，当时爱群酒店已经蜚声海外广东人社区，他们在访问广州时都会特意选择入住。从1957年第一届广交会到1966年第二十届广交会期间，大量参会华商都选择入住爱群酒店。由于与政治相关的地标性地位，它被选为广交会开幕和闭幕接待仪式的举办地（Ai，1989：29）。一些著名的华侨领袖，如澳门已故的马万祺、何贤以及香港的霍英东，当时甚至在爱群酒店有自己专属的房间。[①]为进一步吸引海外华人，并重新包装为怀旧遗产酒店的形象，爱群酒店计划恢复其客房，并配备新潮装饰和家具。对于当地普通居民来说，爱群酒店是20世纪20年代和30年代"老广州"辉煌时刻的象征，因此在该酒店的餐厅用餐有助于将今天的广东人与广州的辉煌岁月重新联系起来。

1978年改革开放以来，由于需要对酒店进行翻新和改造，这四家老字号酒店与香港公司进行了合资合作。例如，东亚酒店与香港永盛合资、新亚酒店与香港豪威合作、爱群酒店与香港中港发展合作、新华酒店与香港华通发展合作（Gao and Li，1990；Lin，2001；Luo，2001；Wang and Ye，2001）。通过合资，这些历史悠久的品牌酒店开始了商业和酒店的现代化，恢复了过去的荣耀，以满足现代酒店和酒店业的需求。对于广州市民和海外华侨华人来说，这些老字号酒店记录了现代广州的第一个黄金时代，是20世纪初本地广东人体验西方灵感与现代中国生活方式混搭的地方。在这方面，它们融入了西方影响改变中国生活方式的长期历史。今天，爱群酒店的吸引力在于与西方的历史联系和混搭的建筑设计。在这个过程中，老字号酒店与当地历史交织在一起，在最近几年被认同为地方文化遗产。

五、广州政府推广"一带一路"流动景观

"一带一路"倡议代表着中国与中国侨民互联互通的新阶段。今天，广州已经成为华南地区的超大城市，是"一带一路"路线上的重要节点。

近年来，广州吸引了数以百万计的中外商务人士和游客。尽管是国际大都市，广州仍然是一个消费广东文化的地方，包括美食、各种形式的文化遗产、具

---

① http：//www. gzzxws. gov. cn/gxsl/bngy/sy/201307/t20130712_31544. htm，2020－05－17.

有建筑意义的老建筑等。广州市政府一直积极参与推动“一带一路”倡议，通过各种活动鼓励贸易、商业、人员和文化的流入与流出。

“一带一路”倡议的关键优先事项是“连接人民”。在这里，人与人之间的联系不仅是指商业和贸易联系，还包括文化交流，通过共同的文化元素将不同群体在不同地点更加紧密地联系在一起。广州市政府推出两项大型活动来提升其作为“一带一路”重要节点的形象，并吸引外国企业和商人包括海外华人来到广州。这两个活动分别是广州节和广州亚洲美食节。广州节始于2009年，旨在通过组织文化旅游和许多其他活动，促进广东文化与其他本地文化及外国文化的交流。亚洲美食节是亚洲文明对话会议的一个重要组成部分，于2019年5月在北京举行。作为该活动的一部分，广州市政府组织了广州市级的亚洲美食节①，吸引了有意建立贸易和业务联系的国内外商人。这两个高规格活动也为老字号提供了向国内外商人推广品牌的机会。

2018年和2019年11月的广州节吸引了众多老字号企业设立展位，向广大市民展示产品，众多老字号企业积极参加广州节。其中包括：成立于1940年的皇上皇食品公司；成立于1828年的王老吉药业公司；成立于1927年的风行牛奶公司；成立于1865年的余同号月饼模具店；成立于1852年的健民医药；成立于1923年的利工民针织厂；成立于1608年的致美斋食品公司；成立于1924年的宝生园蜂蜜店；成立于1956年的广州鹰金钱食品集团。

为了进一步落实“一带一路”项目，中国政府发起了一项外交活动，于2019年在北京举办了“亚洲文明对话大会”，目的是促进中国和其他亚洲国家之间的文化交流和相互了解。在这次会议上，习近平主席发表了主旨演讲，促进亚洲和其他地区公民之间的交流和相互学习，约有50位国家元首和政府首脑出席了这次会议。

亚洲美食节是本次会议的组成部分。饮食被认为是文化的组成部分，因此“亚洲美食节”被认为是促进文化共享的重要活动。为了促进这一活动，包括广州在内的各大城市的政府也组织了相关活动，如广州的亚洲美食节。为此，广州市政府将“共享亚洲美食文化”确定为活动主题，并在2019年5月16日至23日期间举办了一系列相关活动。

---

① http：//www. eguangzhou. gov. cn/2019－05/16/c_375561. htm，2020－05－11.

在这个节日里，广州酒家、王老吉和陶陶居（成立于1880年）等三家茶楼也参加了“世界美食展”活动，他们的厨师展示了烹饪技巧和广州的粤菜饮食文化。此外，广州酒家和点都德（成立于1933年）被认为是重要的老字号茶楼，名列美食节期间14家必去的餐厅。[①] 这些都是向公众宣传老字号餐厅的方式。

“一带一路”倡议也带来了游客数量的增加。散居在世界各地的华侨华人来到广州，在消费“乡愁”的同时，也了解了历史悠久的粤菜。来广州旅游的海外华人到莲香楼、广州酒家和泮溪酒家消费粤菜和怀旧。

通过这两个活动和其他政策，广州市政府不仅提高了广州作为“一带一路”重要节点的地位，更为老字号提供了重塑和维持未来增长和发展的机会。

六、结论

广州老字号企业研究揭示中国和华侨华人在两个时期的相互联系，一个是1949年以前，另一个是1978年和2013年以来。在这两个时期，经济政治的变化导致了多样、循环流动景观的出现。广州老字号采取了一些生存策略，要么迁移到香港或海外华裔社区，要么返回广州。随着多年来的迁移，他们也适应了当地的政治要求。在集体所有制年代，一些老字号被纳入国有和集体所有的企业。同样，在改革开放后的市场经济时期，他们尝试了用不同方式与华侨华人持有的公司合资来进行现代化的进程。在对外开放政策，特别是“一带一路”倡议实施后，广州市政府采取了一些政策来促进广州市的经济和旅游业增长。老字号企业作为遗产与“乡愁”产业的结合，有助于振兴这一行业并使之现代化，从而确保可持续增长。同样，广州作为“一带一路”重要节点也吸引了大量华侨华人到广东出差休闲，进一步巩固了这些历史悠久的企业在广州商业和遗产景观中的重要地位。

除了适应性和灵活性，老字号在中国，特别是在华侨中日益受欢迎也归功于其社会功能。对于内地居民（如广州居民）来说，光顾老字号有助于他们怀念与家人、亲戚和朋友一起度过的美好时光，并增强他们对岭南文化和广州城市的归属感（Yang et al. 2014）。近年来，人们对老字号的兴趣日益浓厚，往往具有强烈的爱国主义和民族主义消费观，这与80后和90后提到的“中国人应该买国

---

① http：//gz. southcn. com/content/201905/24/content_187599942. htm，2020－05－17.

货”的新浪潮有关（Gerth，2003；Xing，2021）。正如本文前面所讨论的，许多社交媒体应用程序已被中国年轻一代广泛使用，以交流老字号的信息，鼓励更多人到作为地区遗产一部分的老字号购物。对于华侨华人来说，这些历史悠久的行业存在于与祖国的社会文化联系之中（Yow，2013）。老一辈华侨华人在访问广州或中国其他城市时，可能会访问和光顾老字号，以舒缓思乡之情。年轻一代海外华人在参加寻根之旅时，通常也会与老字号重新联系起来，而寻根之旅通常会给他们一个机会，以参观当地文化遗址的名义参观和体验老字号（如广州老字号餐馆）（Cai，2020；Liu，2005：53－63）。随着与“一带一路”相关文化活动的增加（如前所述），华侨华人有更多机会接触到中国老字号。

老字号与其在“一带一路”倡议中的延续所产生的共鸣，使我们能够描绘出当代中国历史悠久的商业复兴的连续性，并理解其在华侨中的传播。老字号寻求重塑自己作为文化遗产的形象，并迎合怀旧产业的需求，有助于我们理解其在中国和其他国家的价值。“一带一路”倡议的引入导致了越来越多华人游客从侨居地来到中国。小部分人想在自己的家乡——侨乡寻找文化之根，而其他人则更有兴趣体验古老的中国文化，包括参观老字号和品尝中国美食。在广州，华侨华人游客不愿错过任何到提供过去时代味道的老字号餐馆品尝粤菜的机会。

老字号企业现在是重要的文化遗产景点，应该加以保护。同时，它们被宣传为旅游景点，并被广州市政府包装为“怀旧产业”，在“一带一路”倡议沿线国家中推广，目的是销售文化体验和对过去时代的怀旧情怀。从这个意义上说，老字号并没有成为过去，而是继续在消费市场、社区生活、跨境流动和跨国经济合作中发挥多种作用。

总而言之，本研究对老字号研究和“一带一路”倡议研究的贡献在于，第一，研究突破了将老字号仅仅看作是一个地方实体的局限，将老字号重新概念化为一个跨区域甚至跨国的商业行为者。扩大了老字号的研究范围，涵盖了海外华人社区历史悠久的商业，并提供了一个新的框架，在更广泛的社会文化、历史和制度背景下探索老字号商业。第二，本研究为“一带一路”研究者建构中国与沿线国家自古以来就有文化交流这类话语，开创了新的可能性，不用再借助单纯的历史故事（Winter，2016），可以改用老字号在各国开展业务的实例去论述商业互利和文化互动。

Navigating the Landscape of Guangzhou's Time-honoured Business: From the 19th-Century Flowscape to the Belt and Road Initiative

Chong Gao, Khun Eng Kuah

(Trans: Wu Qi)

Abstract: In general, China's time-honoured businesses (*laozihao*) usually are considered as a kind of business organization fixed to a locality. In relation to this, many existing studies tend to highlight the connection between *laozihao* businesses and the community where they operate as well as their local cultural features. This paper aims to employ the perspective of flow and mobility to explore the dynamics of Guangzhou's *laozihao* businesses in the aspects of temporal and spatial change and changing business operation and the associated cultural meanings. Dring the period from the 19th century through to the establishment of the New China in 1949 and that from the implementation of Open Door Policy in 1978 to the launch of the Belt and Road Initiative (BRI) in recent years, a lot of *laozihao* businesses have made efforts to adapt to the new situations, have built collaborative relationships with companies within and outside China and have helped connect/reconnect the mainland Chinese and overseas Chinese communities. As such, this paper argues that it is necessary to stress on the dynamics and mobility of *laozihao* businesses and to explore the multiple relations of *laozihao* in a broader socio-cultural, historical, and institutional context.

Key Words: Time-honoured business (*laozihao*), flowscapes, Belt and Road Initiative, heritage and nostalgia industry, Chinese Diaspora

参考文献

[1] Ai, Wen , The Highest in South China: Aiqun Hotel. In Ren Zhen and Tan Shaopeng eds. , *Famous Laozihao in Guangzhou* (pp. 28 – 30), Guangzhou Culture Press, 1989.

[2] Aijmer, Göran and Ho, Virgil K. Y. , *Cantonese Society in a Time of Change*, The Chinese University Press, 2000.

[3] Appadurai, Arjun, *Modernity at Large: Cultural Dimensions of Globalization*, University of Minnesota Press, 1996.

[4] Ashton, Curtis, Peking Duck as a Museum Spectacle: Staging Local Heritage for Olympic Tourism, *Journal of Tourism and Cultural Change*, 2012, 10 (2).

[5] Balmer, John M. T. and Chen, Weifeng, Corporate Heritage Brands in China. Consumer Engagement with China's Most Celebrated Corporate Heritage Brand — Tong Ren Tang (同仁堂), *Journal of Brand Management*, 2015, 22 (3).

[6] Cai, Canlong, Exploring the Current Conditions and Coping Strategies of Overseas Chinese Root-Seeking Summer Camp in Xiamen, *Journal of Jimei University*, 2020, 21 (6).

[7] Chen, Zhitao, *Keeping the Window Open — Foreign Contacts of Guangzhou Over One Hundred Years*, Guangzhou Press, 2001.

[8] CPPCC Yuexue Committee, *Commercial Laoziaho of Yuexiu*, Huacheng Press, 2009.

[9] Dahuaguo, ed., *Revisiting Laozihao in New Guangzhou*, Guangzhou Press, 2014.

[10] Dou, Xiaotung, An Analysis of Applying Intangible Cultural Heritage Among Laozihao in Guangzhou's Medical Industry, *Cultural Heritage*, 2009 (4).

[11] Du, Michael M., China's "One Belt, One Road" Initiative: Context, Focus, Institutions, and Implications, *The Chinese Journal of Global Governance*, 2016 (2).

[12] Fatima, Qamar and Naseer, Iram, A New Era of Multiculturalism and the Role of China's Belt and Road Initiative (BRI) in 21st Century, *South Asian Studies: A Research Journal of South Asian Studies*, 2019, 34 (1).

[13] Feng, Mingquan, Tea Houses with Local Features of Guangzhou", in Guangzhou Industry and Commerce Association, Archive Committee of CPPCC Guangzhou Committee and Guangzhou Catering Service Company eds., *In A History of Guangzhou Food Services* (pp. 1 - 16), Guangdong People's Press, 1990a.

[14] Feng, Mingquan, Lianxiang Lou Tea House and its Moon Cake", in Guangzhou Industry and Commerce Association, Archive Committee of CPPCC Guangzhou

Committee and Guangzhou Catering Service Company eds. , in *A History of Guangzhou Food Services* (pp. 24 - 34), Guangdong People's Press, 1990b.

[15] Forêt, Philippe and Mazzalovo, Gérald, The Long March of the Chinese Luxury Industry towards Globalization: Questioning the Relevance of the "China Time-honored Brand" Label, *Luxury*, 2014, 1 (1).

[16] Gao, Chong, An Analysis on the Typology of Time-honored Brands: A Case of Guangzhou, *Qinghai Journal of Ethnology*, 2016, 27 (4).

[17] Gao, Wei and Li, Muxiu, The Contribution of Overseas Taishan People: Xinhua Hotel. In Ren Zhen and Shaopeng Tan eds. , *Famous Laozihao in Guangzhou* (*the 2nd Volume*) (pp. 33 - 35), People's Press of Guangdong, 1990.

[18] Gerth, Karl, *China Made: Consumer Culture and the Creation of the Nation*, Harvard University Asia Center, 2003.

[19] Guan, Shuming, The Unique Datong Old Name Restaurant, in Studying and Archive Committee of CPPCC Guangzhou Committee and the Office of Guangzhou's Local Chronicles eds. , in *Laozihao in Guangzhou* (pp. 51 - 58), Guangdong People's Press, 2001.

[20] Guangzhoushi Ronghua Compony, The Real Coconut Ice Cream: A Story of Shunji Ice Cream Shop, in Studying and Archive Committee of CPPCC Guangzhou Committee and the Office of Guangzhou's Local Chronicles eds. , in *Laozihao in Guangzhou* (*the 1st Volume*) (pp. 130 - 134), Guangdong People's Press, 2001.

[21] Huang, Xihui, The History of Tai Ping Koon Restaurant, in Archive Committee of CPPCC Guangzhou Committee eds. , in *Archive of Guangzhou* (pp. 209 - 220), Guangdong People's Press, 1982.

[22] Hubbert, Jennifer, Spectacular Productions: Community and Commodity in the Beijing Olympics, *City and Society*, 2010, 22 (1).

[23] Jia, Xuan, The Rise of National Fashion Products: Young People Love National Products, *China Economic Weekly*, 2021 (2).

[24] Jiang, Zhiru, A Hong Kong Businessman Named Li Jianhua and His Humanness, *Entrepreneur*, 2000 (7).

[25] Klein, Jakob A. , For Eating, It's Guangzhou: Regional Culinary Traditions

and Chinese Socialism. In Harry G. West and Parvathi Raman eds. , *Enduring Socialism: Explorations of Revolution and Transformation, Restoration and Continuation* (pp. 44 - 76), Berghahn Books, 2010.

[26] Klein, Jakob A. , Redefining Cantonese Cuisine in Post-Mao Guangzhou, *Bulletin of the School of Oriental and African Studies*, 2007, 70 (3) .

[27] Kuah-Pearce, Khun Eng, *Rebuilding the Ancestral Village: Singaporeans in China* (2nd ed.), Hong Kong University Press, 2011.

[28] Lai, Jidan, *The Taste on the Timeline*, Liangnan Fine Arts Press, 2015.

[29] Lin, Gaochao, Love the Others and the Group as well as the Feeling like Going Back Home: Aiqun Hotel, in Studying and Archive Committee of CPPCC Guangzhou Committee and the Office of Guangzhou's Local Chronicles eds. , in *Laozihao in Guangzhou* (pp. 163 - 170), Guangdong People's Press, 2001.

[30] Liu, Quan, *Longing for Ancester and Loving Homeland: The Sentiments of Overseas Cantonese*, Guangdong People's Press, 2005.

[31] Liu, Weidong and Dunford, Michael, Inclusive Globalization: Unpacking China's Belt and Road Initiative, *Area Development and Policy*, 2016, 1 (3) .

[32] Luo, Jiheng, Looking Like the Guest's Home: Xinya Hotel, in Studying and Archive Committee of CPPCC *Guangzhou Committee and the Office of Guangzhou's Local Chronicles eds*, in *Laozihao in Guangzhou* (pp. 156 - 162), Guangdong People's Press, 2001.

[33] Lü, Shaozhen, "Shunji Ice Cream shop ", in Guangzhou Industry and Commerce Association and Archive Committee of CPPCC Guangzhou Committee eds. , *Archive of Guangzhou's Industry and Commerce* (*the 2nd Volume*) , 200 - 205, Guangdong People's Press, 1989.

[34] Nye, Joseph S. , Jr. , Soft Power, *Foreign Policy*, 1990 (80) .

[35] Peng, Bo and Chao, Gangling, A Study on Brand Revival of Traditional Chinese Laozihao, *Modern Management Science*, 2012 (3) .

[36] Reeves, Jeffrey, China's Silk Road Economic Belt Initiative: Network and Influence Formation in Central Asia, *Journal of Contemporary China*, 2018, 27 (112).

[37] Schroeder, Jonathan, Borgerson, Janet and Wu, Zhiyan, A Brand Culture Approach to Chinese Heritage Brands, *Journal of Brand Management*, 2015, 22 (3).

[38] Swislocki, Mark, *Culinary Nostalgia: Regional Food Culture and the Urban Experience in Shanghai*, Stanford University Press, 2009.

[39] Tekdal, Veysel, China's Belt and Road Initiative: At the Crossroads of Challenges and Ambitions, *The Pacific Review*, 2018, 31 (3).

[40] Tian, Guang, Zhao, Jianhua, Liu, Yala et al., Old Names Meet the New Market: An Ethnographic Study of Classic Brands in the Foodservice Industry in Shantou, China, *Human Organization*, 2018, 77 (1).

[41] Tsao, Ruby, One Belt one Road—A Historical perspective, *Chinese American forum*, 2015, 31 (1).

[42] Vogel, Ezra F., *The Four Little Dragons: The Spread of Industrialization in East Asia*, Harvard University Press, 1991.

[43] Vogel, Ezra F., *One Step Ahead in China: Guangdong under Reform*, Harvard University Press, 1989.

[44] Vogel, Ezra F., *Canton under Communism: Programs and Politics in a Provincial Capital*, 1949 – 1968, Harvard University Press, 1980.

[45] Wang, Gungwu, Sojourning: The Chinese Experience in Southeast Asia. In Anthony Reid ed., *Sojourners and Settlers: Histories of Southeast Asia and China* (pp. 1 – 14), Allen and Unwin, 1996.

[46] Wang, Ruiyi and Ye, Yushan, Where the First National Flag Rises: Dongya Hotel", in Studying and Archive Committee of CPPCC Guangzhou Committee and the Office of Guangzhou's Local Chronicles eds., in *Laozihao in Guangzhou* (pp. 145 – 150), Guangdong People's Press, 2001.

[47] Wang, Yong, Offensive for Defensive: The Belt and Road Initiative and China's New Grand Strategy, *The Pacific Review*, 2016, 29 (3).

[48] Winter, Tim, "One Belt, One Road, One Heritage: Cultural Diplomacy and the Silk Road", https://thediplomat.com/2016/03/one-belt-one-road-one-heritage-cultural-diplomacy-and-the-silk-road/, 2020 – 05 – 18.

[49] Xian, Zilong, Guangzhou Xinya Hotel, in CNDCA Guangzhou Committee,

Guangzhou Industry and Commerce Association, and Archive Committee of CPPCC Guangzhou Committee eds. , in *Archive of Guangzhou's Industry and Commerce* (pp. 177 – 184), Guangdong People's Press, 1986.

[50] Xiao, Nan, The Song of Tai Ping in a Good Time: Tai Ping Koon Restaurant, in Studying and Archive Committee of CPPCC Guangzhou Committee and the Office of Guangzhou's Local Chronicles eds. , in *Laozihao in Guangzhou* (pp. 125 – 129), Guangdong People's Press, 2001.

[51] Xing, Haiyan, "National Products Fashion" and "True Self": The Self-presentation of the Young People in the Era of Internet, *Journal of Southwest Minzu University (Humanities and Social Sciences Edition)*, 2021 (1).

[52] Xu, Xi'an, *Sharing the Day of Peace: The Legend Story of Tai Ping Koon Restaurant*, Mingpao Press, 2007.

[53] Yan, Xu, When Time-honoured Brand meets the New National Fashion Products: How to Win the Hearts of Young People? *Sale and Marketing (Management Edition)*, 2021 (2).

[54] Yang, Lin, The Analysis of Factors Affecting the Development of Time-honored Enterprises: Based on Investigation into Four Time-honored Restaurants in Guangzhou, *Innovation*, 2016, 10 (5).

[55] Yang, Rong, Huang, Liping and Fan, Li, Constructing the Nostalgia Consuming Place: A Case Study of Tai Ping Koon Restaurant, *Tropical Geography*, 2014, 34 (4).

[56] Yin, Peng, Social Responsibility of Old Brand Enterprises. In Zhang Jijiao, Ding Huimin, and Huang Zhongcai eds. , *Development Report of China Old Brand Enterprise No.* 1 (pp. 189 – 200), Social Sciences Academic Press (China), 2011.

[57] Yow, Cheun Hoe, *Guangdong and Chinese Diaspora: The Changing Landscape of Qiaoxiang*, Routledge, 2013.

[58] Yu, Hong, Motivation behind China's "One Belt, One Road" Initiatives and Establishment of the Asian Infrastructure Investment Bank, *Journal of Contemporary China*, 2017, 26 (105).

[59] Zhang, Jijiao, The Current Status, Practical Implication and Academic Val-

ue of China's Laozihao . In Zhang Jijiao, and Liu Weihua eds. , *Old – brand Enterprises*: *Case Studies and Development Report No.* 3 (2015 –2016) (pp. 3 – 15), China Market Press, 2015.

[60] Zhang, Jijiao, Analysis on Competitiveness of China Old Brand Enterprises: Advantage, Disadvantage, and Prospect. In Zhang Jijiao, Ding Huimin and Huang Zhongcai eds. , *Development Report of China Old Brand Enterprise No.* 1 (pp. 1 – 9), Social Sciences Academic Press (China), 2011.

[61] Zhang, Shaochun, Pangaoshou Medicine Company in Guangdong: A Study of Transforming Intangible Cultural Heritage of Laozihao in Medicine Industry. In Zhang Jijiao and Liu Weihua eds. , *Old-brand Enterprises*: *Case Studies and Development Report No.* 3 (2015 –2016) (pp. 133 – 149), China Market Press, 2015.

[62] Zhou, Daming and Ke, Qunying eds. , *Qiaoxiang Migration and the Local Society*, Minzu Press, 2003.

[63] Zhou, Weifeng and Esteban, Mario, Beyond Balancing: China's Approach towards the Belt and Road Initiative, *Journal of Contemporary China*, 2018, 27 (112).

中医药在“一带一路”东南亚走廊中的文化力量*

柯群英　云　超（译）　徐鼎然（译）

【摘　要】 2013 年，国家主席习近平提出“一带一路”倡议，旨在加强港口和基础设施建设、金融、技术、贸易和文化互通等领域的合作，促进中国在国际舞台上发挥重要作用。目前，“一带一路”涵盖了东南亚走廊等六大经济走廊。在“一带一路”名录中，中国政府将传统中医药（Traditional Chinese Medicine，TCM）划分为国际及海外华人市场中一项重要的保健产品。此外，中医药还被纳入中国非物质文化遗产清单。本文将探讨中医药作为一种重要的文化力量——一种软实力的变体——如何联结中国和全球华人社区，推动区域社会经济网络的形成，促进贸易发展，以及构建中国与东南亚国家之间中医药机构的文化合作汇聚地。

【关键词】 中医药；文化力量；文化合作汇聚地；中医药全球合法化；东南亚“一带一路”经济走廊

* 本文出自“当代社会中的传统凉茶”课题项目。本文数据来源广泛，其中包括中国政府发布的贸易报告及已发表的论文和相关报告。在民族志上，将新加坡作为参与观察的案例研究对象，观察消费者的购买习惯。作者感谢香港大学为本项目提供的研究经费，感谢研究助理协助收集数据；感谢暨南大学国际关系学院/华侨华人研究院（中国广州）的资助，本文将在荷兰莱顿举行的第十一届亚洲学者国际会议（2019 年 7 月 16—19 日）上发表。同时感谢暨南大学中华文化港澳台及海外传承与推广协同创新中心对本项目的资助。

一、引言

2013 年，国家主席习近平提出“一带一路”倡议，旨在加强港口基础设施建设、金融、技术、贸易和文化互通等领域的合作，推动中国在国际舞台上发挥重要作用。“一带一路”包括六条走廊，其中一条是东南亚走廊。在“一带一路”名录中，中国政府将中医药（Traditional Chinese Medicine，TCM）划分为国际及海外华人市场中一项重要的保健产品。此外，中医药还被纳入中国非物质文化遗产清单。由此可见，中医是一种软实力和文化实力。

本文主要分为三个部分。第一部分介绍 19 世纪移居东南亚的华人对中医原理和实践的认知。这些中医知识为当今中医在当地日常生活中的应用奠定了基础。例如，华人群体经常饮用草药和凉茶，年轻女性和产后妇女等群体尤其推崇服用草药补充体力。此部分还讨论了现代化对消费模式的影响，即中药产品从自制到商用模式的转变。第二部分主要探讨中国政府推动中医药融入“一带一路”走廊沿线地区社会文化和经济流动，以及推进中医药合法化所制定的各项政策。第三部分以新加坡作为案例之一，探讨东南亚“一带一路”走廊沿线华侨华人与中国之间的中医药联系。

本文所得结论：作为重要的文化力量和软实力，中医药的流动促进了中国及全球华侨华人，尤其是东南亚华人社会的经济网络与贸易发展。

二、研究方法

本文数据来源广泛，其中包括中国国务院的贸易数据。笔者及助理在广州的中草药批发市场进行了实地考察，以半结构问卷调查的形式对批发商进行了访谈，以此来了解中草药的种类和用途，以及中药产品在国内外不同消费群体中的经营、管理和销售。笔者还在中国香港和新加坡的中医药专卖店进行了民族志实地调查，与公众和中医药专卖店的工作人员进行了非正式的讨论。

1. 传统凉茶与中医的迁徙和流动

19 世纪，中国人口向东南亚迁移，也带去了关于健康和疾病的知识，以及中医药体系，随后成为这些移民生活的一部分。在东南亚的热带环境中，炎热和潮湿是许多热带疾病的主要原因。华人群体主要依靠中医体系下的中医药进行自我诊疗，维持健康。

2. 海外华人对中医体系的理解

中医体系和疾病的治疗围绕着阴阳两极和五行（火、水、土、金、木）展开。传统中医药体系包含四组相对概念：内外、寒热、阴阳、盈亏（Wu et al.，2013：48）。在华人群体中，他们认为所有让人生理上或情感上不舒适的疾病，都基于这四组对立概念形成。对他们而言，健康和疾病的诊断通常是根据阴阳极性来解释的，通俗来讲就是阴阳是否平衡。阴阳理论的基础是中医里所强调的能量（气）。因此保持阴阳平衡对身体健康至关重要。疾病通常分为“寒”“热”两大类，需对症治疗（Tierra and Tierra，1998）。

中国移民认为疾病分为寒证与热证。在常年炎热潮湿的热带环境中，热气和中暑引起的疲乏是常见的致病原因。热气相关的疾病被视为阳气过盛。事实上，即使不患病，热带气候的高温也会使人体吸收过剩的阳气。此外，热带地区潮湿，较易形成湿气。热加上湿，长此以往会让正常人遭受“湿热”或“湿气”的侵害。湿热和湿气亦有阴阳之分。

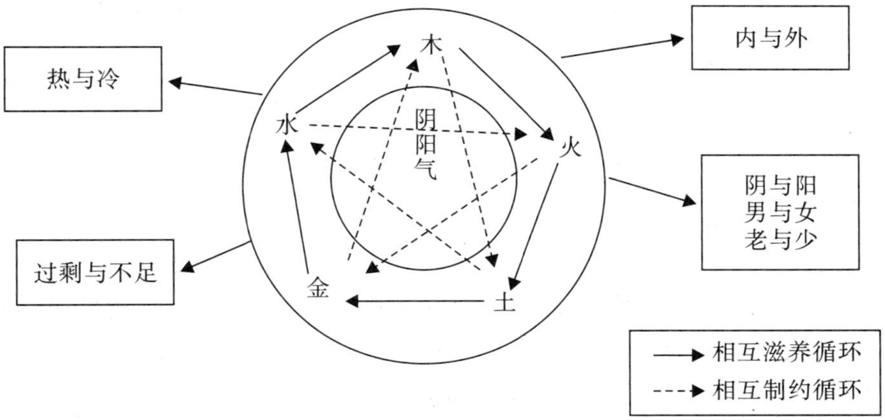

图1　阴阳五行图

来源：https：//www. tcmworld. org/what – is – tcm/？ ve – elements/，2020 – 07 – 27.

人们认为，中国劳工移民在热带气候里会遇到湿热的问题，这种环境消耗人体内的“气”，使人产生疲劳、骨头酸痛，身体发热的症状，从而影响身体健康。湿热可分为阳气过盛和阴气过盛。直到今天，长久定居海外的中国移民和成年人仍然认为湿热和湿气是导致关节炎和其他老年疾病的重要因素。治疗与热湿相关的疾病需遵循既定的阴阳五行范式。针灸、热疗（又称“艾灸”）、刮痧、按摩和推拿，是较为常见且被广泛接受的治疗方法。除了这些中医治疗方法，华人还会服用自制或商业配制的草药和饮品。在华人社会中，常规服用草药及饮品是普遍的保健方式。

3. 服用草药是一种生活方式

（1）处方中药。

中草药由多味药材组成，有时还包含动物器官和昆虫，经由中医师开出处方。通常一个中药处方（药方）包含 8 ~ 10 味不同的草药。中药店通常备有各种各样的中草药和中药产品 。[①] 患者煎煮草药，取其精华，遵医嘱服用。

在新加坡，黄耀南中医馆是为数不多的根据处方出售草药的传统中医馆之一。馆内的中草药都存放在传统的木制抽屉里，成排的抽屉便于取药。据一位老员工介绍，馆内存有 700 余种治疗各种疾病的中草药。抓药需要具备经验且经过培训以识别药材。如今，接受过培训，具有“抓药”经验和技巧的师傅少之又少。根据处方抓药是一个正在快速消失的专业，在新加坡具有这方面知识的人非常少。

病人在咨询中医后，会带着手写的处方来到中药房。药房里几个具有中草药知识、看得懂药方的工作人员根据处方挑选草药并仔细称量所需剂量，再用纸将其包裹起来。虽然老员工仍然使用传统的手持式秤，但如今称量工具早已改为数字/电子秤。通常数包药为一个疗程，处方的费用取决于草药的种类和价值，从 10 新加坡元到 10 美元不等。昂贵的处方通常含有名贵药材，如人参、优质藏红花和鹿角。中医馆一般会提供草药煎煮服务，病人可在此将处方药熬成调制品直接饮用，或者装在瓶子里带回家饮用。

时至今日，中草药已经经历了现代化进程。虽然慢煮是提取草药药用特性的一种方法，但越来越多的中医和患者为了方便，更倾向于选择商业化生产的中药药片和胶囊。中医药被视为一种有效的替代医学，同时作为不含化学物质的自然疗法得到推广。

（2）自制和商业制作的汤药和草药饮品。

中草药也常用于制作汤羹和饮料。在中国香港、新加坡和其他华人地区，人

---

① 传统中草药药行如新加坡的黄耀南药行备有多达 700 种中草药。资料由老员工提供。

们通过喝中式汤药来恢复体力和精力。经常饮用草药饮品和清凉凉茶，可以防止体内阳气过盛。从 19 世纪至今，从自制到商业制作，劳工移民们一直坚持饮用草药饮品。这些饮品由各式各样的草本植物和花类草药制作而成。

草药饮品有两大种类。一种是草药补品，可以补充和修复身体（补身），也可以修复精神/敏感性（补神）。另一种则用来调整体内阴阳能量不平衡。时下流行的花草茶超越民族文化的界限，在世界范围内被视为健康饮料。人参、灵芝和燕窝是中国老年人补气血的大补之物，然而由于其药材名贵，一般在需要的时候才会使用。富裕的家庭会每周或每月常规性食用。

在包括新加坡、马来西亚、印度尼西亚和泰国在内的东南亚国家，热度和湿度较大，凉茶对于减少热气、湿气和湿热三种热证颇为有效。甜味凉茶由草药、花卉、谷物和水果混合而成以确保饮品功效，日常饮用有降火作用。常见的草本饮料有菊花茶、竹蔗茶、罗汉果茶、夏枯草茶、五花茶和薏米水等，如同有机饮料一样，深受年轻人青睐。

图 2　装草药的葫芦形大桶和塑料瓶（前排）（柯群英摄）

凉茶像碳酸饮料、果汁一样进入了主流饮料市场，被大型饮料制造商生产成袋装或罐装饮料。除了工厂生产的草药饮品外，各大中药行亦有瓶装的甜味凉茶出售，有减少湿热、补气和排毒之效。葫芦形大桶中装有治疗风寒、咽喉疼痛和久咳不愈的苦味凉茶供客人现场品尝。

草药和花卉可与中国红茶混合使用，不同组合具有不同的保健功效。此类饮料可以促进气血循环、排毒养颜，有保健瘦身之效，是天然的健康美容产品。

罗汉果的植物学名称是 Siraitia grosvenorii。它含糖量高，适合作为甜味剂代替糖。

4. 女性与汤药

人们认为，食用各种传统中草药配方对妇女和青春期的女孩非常有益。草药可以调节阴阳平衡，对女性尤其是年轻女性和初潮少女有调理健康的功效。女性在月经过后，会被建议饮用著名的“八珍汤”，其主要成分是当归，除此之外，还包含人参、茯苓、炙甘草、熟地黄、白芍、川芎、生姜和大枣。[①] 这几味药材熬制而成的汤药有助于缓解经期疼痛。如今这些药材已被商业加工成包出售。

在中国文化中，女性生完孩子后要有一个月的产后恢复期，即“坐月子”。坐月子有特殊仪式，如特殊的饮食要求，用来帮助产后母亲恢复元气。新加坡的黄耀南药行和余仁生药行均有售卖供女性“坐月子”期间服用的草药汤包，像生化汤、四神汤、八珍汤、通乳方汤、补品方汤、杜仲补腰汤和人参鸡汤。草药汤包具有多种保健功能，例如，“通乳方”的字面意思是“疏通乳腺”，增加喂养新生儿的母乳。“补品方”能够补充阳气、强身健体、疏通瘀血，帮助母亲在产后恢复元气。这些药材主要可以重新平衡脾脏、肝脏和子宫等器官，进而调理身体。产后妇女在洗澡和洗头时，也可使用沐浴药草。女性在分娩后，身体虚弱，正常的水浴会造成寒气侵体，阴气过旺，导致头痛、关节炎、血栓和其他疾病。使用温水药浴时身体可以从药草中吸收热量和营养。同样，产后用药油按摩也可促进气血流通。[②]

---

① 八珍汤中各味药材的功效，详见 https：//www. americandragon. com/Herb%20Formulas%20copy/BaZhenTang . html，2019 －06 －20。

② 使用方法和内容详见黄耀南诊所网址：http：//wongyiunam. com/goods. php？ id＝14729，2019 －06 －28。

表 1　30 天月子表

四个产后阶段	产后妈妈喝补茶/汤的推荐
第一星期（第 1—7 天） 气（能量）恢复阶段	（1）喝三枣茶（加枸杞、龙眼、丹参）； （2）喝生化汤； （3）喝四神汤
第二星期（第 8—14 天） 气补充阶段	（1）喝三枣茶； （2）喝八珍汤； （3）喝补品方汤； （4）喝通乳方汤
第三星期（第 15—22 天） 强化营养阶段	（1）喝杜仲补腰汤； （2）喝人参鸡汤（可加虫草、燕窝）
第四星期（第 23—30 天） 修复美容阶段	（1）喝八珍汤； （2）喝补品方汤； （3）喝杜仲补腰汤； （4）喝人参鸡汤（可加鱼鳔、花胶和燕窝）

来源：黄耀南诊所网站，http：//wongyiunam. com/goods. php？ id = 14729，2019 - 06 - 28。

余仁生药行也有相似的女性月子期草药包出售，余仁生药行把产后恢复分为三个阶段：第一阶段，第 1—7 天，子宫修复和伤口愈合期；第二阶段，第 8—14 天，消化功能恢复和组织修复期；第三阶段，第 15—28 天，增强体质和补充营养期。药行售卖的典型产后包里含有各类草药汤包及草药药丸。①

5. 中药生物医学保健美容产品

随着中医药治疗步入 21 世纪，自然疗法兴起，中医因为使用天然草药为治疗手段，获得了年轻一代和西方社会的欢迎。现代科学界越来越多地开始研究中草药及其功效，目前已有多种具有强身健体和美容养颜功效的中药丸。传统中医药的作用也经历了转变，“内外美”的作用逐渐成为新的焦点。人们认为以草药为基础的中药产品是不含化学物质的有机产品，因此它不仅是保健品，也是日常可以放心食用的天然健康产品。中药也越来越多地用于制作美容产品。人们认为

① https：//www. euyansang. com. sg/en/postnatal - con？ nement - kit - 888842500311. html，2019 - 07 - 02.

中药产品及其副产品具有较小，甚至没有副作用，年轻人和千禧一代对它们尤为喜爱。例如，银杏、灵芝和人参提取物被制成胶囊，可以增强记忆，提高免疫力，老年人常把它们作为补品食用。这些药材具有抗衰老功效，也可用来制作化妆品。①

基于这些功效，近年来，大量中草药美容产品被投入日常使用和疾病的治疗中。含人参成分的面霜被奉为抗衰老的除皱剂。其他护肤品和面膜如今也加入了多种草药成分，包括生姜、绿茶萃取、茶树油，具有保湿、抗衰老、美白和嫩肤作用。这些产品均由大型制药公司生产，在全球范围内销售，价格高昂。资生堂（Shiseido）、馥蕾诗（Fresh）、雪花秀（Sul whasoo）和蔚蓝之美（Wei Beauty）等大型化妆品公司都在其美容产品中加入了传统中草药。此外，佰草集、相宜本草和自然堂这些大型国产品牌已占据中国品牌榜单的前三名，也深受海外华人喜爱。

这些产品吸引了规模可观的年轻消费者群体，他们倾向于使用草本有机产品来治疗痤疮、湿疹和其他常见皮肤病（Harilela，SCMP，2020）。这些消费者愿意高价购买对身体和环境有益的有机美容产品。生物美容产品的新趋势已经从东亚和东南亚的华人社区向全球蔓延。

在中老年群体中，使用草药治疗脱发和延缓白发生长也逐渐流行起来。余仁生药行推出的“H4H 护发配方胶囊”就是这样一款产品，主要用于调理身体健康，防止脱发。② 美发沙龙也有中药染发剂，用于治疗脱发和白发，价格不菲。10 次或 20 次的高档疗程需要 1 000 ~ 2 000 美元。用户也可以自行购买产品带回家使用。同样地，针灸对于治疗脱发和延缓白发增长也有显著疗效。随着中医药产品在全球华人和部分西方消费者中得到广泛的接受和使用，中国政府顺理成章地将其纳入“一带一路”重要经济项目加以推广。同时，中医药产品也作为中华医学文化遗产得到推广，成为促进中国内地与全球华人跨国联系的文化力量。

三、中国“一带一路”倡议与全球中医药合法化

专家们认为，习近平提出的“一带一路”六个经济走廊，是将中国推向全

---

① https：//www. euyansang. com/en_ US/maximising - the - effects - of - lingzhi/eysherbslingzhi2. html，2019 - 08 - 30.

② https：//www. euyansang. com. sg/en/restoring - your - crowning - glory/eysgwhaircare1. html，2020 - 04 - 17.

球舞台的跳板。有学者提出，“一带一路”标志着中国外交政策的转变（Aoyama，2016）。也有说法指出，“一带一路”是一种地缘经济运动，能够促进中国经济与全球经济一体化的实现，对中国和相关国家之间的安全问题和政治经济形态变化有着巨大影响（Li，2020）。此外，“一带一路”也被视为一种文化力量，旨在带动全球华人和走廊沿线的其他族裔相互融合，形成文化汇聚地（Kuah，2019）。

中医实践和中药、凉茶以及草药已经形成了一种重要的替代医学体系，被世界各地华人所接受。将中医药作为“一带一路”的内容进行推广，争议小、政治中立且有益于经济发展。与此同时，鉴于其巨大的经济价值，中国政府也在探索通过“一带一路”将中医药融入全球卫生联盟的可能性（Yao，Shen and Li，2019）。2015 年，中医药出口 38 亿美元。据中国国务院预计，未来该行业的价值将超过 500 亿美元。① 因此，将中医药纳入“一带一路”是中国政府通过文化力量推动全球化的重要举措。该举措将中医药作为一个重要的经济和替代医疗卫生体系推上了国际舞台。

中国通过取得世界卫生组织的认可，以及在教育和实践中引入中草药知识，将中医作为一种替代和补充医疗体系在全球范围内推广。2010 年，中国提出将针灸和艾灸作为中医的两项传统疗法列入联合国教科文组织人类非物质文化遗产（UNESCO）名录，该议题在肯尼亚内罗毕举行的联合国教科文组织政府间委员会第五届会议上得到讨论。②

中医药获得联合国教科文组织认可一事从 2016 年以来就受到了广泛关注，时任世界卫生组织总干事、出生于中国香港的陈冯富珍（Margaret Chan）拥护中医在治疗中采用整体疗法，并在此过程中大力宣扬传统中医对可持续发展的贡献。③ 根据世界卫生组织的指示，第 11 次修订的《国际疾病分类》中有一章专门介绍中医药，中医起源于古代中国，沿用至今，并传播到韩国、日本、新加坡等亚洲国家。世界卫生组织承认中医是一种可行的替代医学体系，联合国教科文组织提议将针灸和艾灸列为非物质文化遗产，这为中国在全球舞台上推广中医提

① http：//english. gov. cn/news/top_news/2017/01/19/content_281 475545591726. htm，2019 - 07 - 08.

② https：//ich. unesco. org/en/RL/acupuncture - and - moxibustion - of - traditional - chinese - medicine - 00425#identification，2019 - 05 - 06.

③ https：//www. who. int/dg/speeches/2016/chinese - medicine - sustainable/en/，2019 - 05 - 05.

供了亟须的合法性。在世界卫生组织和联合国教科文组织的认可下，国家中医药管理局、国家发展和改革委员会共同编制了《中医药“一带一路”发展规划（2016—2020 年）》。此规划的目标是构建中医药国际医疗服务体系、中医药国际教育与文化传播体系、中医药科技体系，以及扩大中医药国际贸易体系；争取到 2020 年在全球范围建立 30 个中医药中心，拥有 20 个国际中医药标准，注册 100 种中医药产品同时获取专利权，以及建立 50 个交流合作中心。该规划还呼吁与“一带一路”国家在政策、人文交流、资源共享、技术和自由贸易流动等各个层面进行协同合作。随着时间的推移，该目标还未达成。①

2016 年，中国政府推行政策，加强国内外中医药产品生产的治理和质量管控。2016 年 2 月，国务院制定了《中医药发展战略规划纲要（2016—2030 年）》。2016 年 6 月，商务部制定了《全国中药材物流基地规划建设指引》。2016 年 8 月，中医药局颁布了《中医药发展“十三五”规划》。2016 年 12 月，国务院发布了《中国的中医药》白皮书。白皮书发布两周后，全国人大常委会正式颁布《中华人民共和国中医药法》，同时商务部还公布了《全国药品流通行业发展规划（2016—2020 年）》。②

中医药“一带一路”发展规划促使部分走廊沿线国家与中国建立起联合中医医院，并制定中医实践公共标准。为了推广中医药，中国政府还设立了国际中医药项目合作基金。俄罗斯、马来西亚、法国、澳大利亚和卡塔尔都表示对该项目有兴趣。中国国务院批准了早期丝绸之路走廊的基础设施投资和贸易发展，以促进中医药的发展。③

事实上，全球 6 000 万海外华侨华人中有半数人口居住在东南亚地区，因此该地区是推广中医药文化力量的理想地区。比如，大约 75%（300 万）的新加坡人和大约 25%（570 万）的马来西亚人是华人。这些地区被视为能够加强和促进中医药在东南亚“一带一路”走廊上传播的关键区域节点。作为文化力量，中医药为中国内地中医药生产商、批发商和零售商创造了可观的利益和经济机会，

① 参见传统知识数据库，中国发布了中医药“一带一路”发展规划，http://www.cntkdb.com/index.php/Index/News/index/ClassA/1/Class B/1/id/476/use/2，2019 年 7 月 8 日访问。

② 综合讨论见商务部市场秩序司：《中药材流通市场分析报告 2016》，2017 年，第 28 页，相关统计数据见第 2 页。

③ 中华人民共和国国务院，http://english.gov.cn/news/top_news/2017/01/19/content_281475545591726.htm，2019 年 7 月 8 日访问。

扩大了他们与地区同行之间的跨国性、关联性和社交性网络。同时，也加强和发展了东南亚华人中医药企业与内地同行之间的新业务网络。

四、亚洲和全球中医药消费增长

自“一带一路”启动以来，全球中医药消费增长逐渐加快。最大的中药消费市场仍然在亚洲。亚洲市场份额占中国中医药出口总额的85.54%，价值高达8.77亿美元，欧洲占9.65%，北美洲占3.40%，大洋洲占0.96%，拉丁美洲占0.32%，非洲仅占0.13%（商务部市场秩序司，2016a：8）。

2017年，随着“一带一路”稳固发展，中国对东欧和东盟“一带一路”走廊的中医药产品出口量大幅增长。出口到这两个地区的中药材份额分别提升了80%和51%，达到中药材出口贸易总额的13.7%和34%。同年，中国对“一带一路”东南亚另一个重要国家越南的中药材出口增长261%，达到1.12亿美元，同比增长398%，占中国对东盟国家中药出口总量的54%。亚洲仍然是中国中医药产品最重要的进出口地区（商务部市场秩序司，2018年）。

表2　中国中医药产品出口各地区市场份额

	地区	中草药产品出口份额（%）
1	亚洲	85.54
2	欧洲	9.65
3	北美洲	3.4
4	大洋洲	0.96
5	拉丁美洲	0.32
6	非洲	0.13

来源：《中药材流通市场分析报告2016》，商务部市场秩序司，2017年，第8页。

表3　2017年中国中医药出口市场

出口市场	出口数量（万吨）	出口金额（万美元）	出口数量占比（%）	出口金额占比（%）
亚洲	18.54	97 143.70	82.95	85.28
欧洲	1.86	9 102.19	8.32	7.99
北美洲	0.96	4 897.65	4.30	4.30
非洲	0.74	1 337.16	3.31	1.17
大洋洲	0.12	932.69	0.54	0.82
拉丁美洲	0.13	500.73	0.58	0.44
全球总计	22.35	113 914.12	100	100

来源：《中药材流通市场分析报告2017》，商务部市场秩序司，2018年，第9页。

亚洲和华人众多的国家是中药材的主要消费地区。仅亚洲就进口了85.28%的中药材，而拥有大量华人的欧洲和北美洲也分别从中国进口了7.99%和4.30%的中药材。由于中国把非洲视为“一带一路”的重要辐射区域，越来越多的中国人前往非洲工作和居住，相应地，中药材的消费也随之增加。2016年，非洲进口量占中国中医药出口总额的0.13%，2017年，非洲中医药产品消费占中国中医药出口总额的1.17%。

中国是中医药和中医药产品最大的生产国和出口国，同时也是草药和动物器官的最大消费国，草药和动物器官是生产各种中医药产品的必要原料。原料主要产自亚洲国家，美国、德国和意大利。向中国出口原料的国家和地区包括韩国、马来西亚、美国、德国、新加坡、越南和意大利以及中国的香港和台湾。这些国家和地区90%的产品进口到中国（商务部市场秩序司，2016a：9；2016b）。

表4　中药产品和药材的十大出口国

	中草药出口国/区	价格（万美元）	市场份额（%）
1	中国香港	32 023	31.24
2	日本	25 074	24.46
3	韩国	13 178	12.86
4	中国台湾	5 963	5.82

（续上表）

	中草药出口国/区	价格（万美元）	市场份额（%）
5	马来西亚	4 176	4.07
6	美国	3 049	2.97
7	德国	2 858	2.79
8	新加坡	1 966	1.92
9	越南	1 965	1.92
10	意大利	1 707	1.67
合计		91 959	89.72

来源：《中药材流通市场分析报告2016》，商务部市场秩序司，2017年，第9页。

2017年，中国从亚洲进口的草药和动物器官约为826万吨，占其进口总额约91%。这些进口产品的支出约为16.4亿美元，占采购产品总支出的62.79%（商务部市场秩序司，2018年，第9页）。中国还从泰国进口龙眼干，从印度尼西亚进口藏红花、乳香，从伊朗进口没药、血竭（商务部市场秩序司，2018年，第9页）。

五、“一带一路”走廊沿线全球华人和中国中医药互联互通

随着中医实践和中草药质量的全球认可度不断攀升，相关法律和治理也得到改善，全球公立医院，中国香港、新加坡和马来西亚等东亚地区和东南亚国家都开始接受和采纳中医，将其与生物医学系统联合使用。中医治疗已经成为病人的常规需求，偶尔也会被西医推荐。

由于中国政府大力支持中医药，内地的生产商、批发商和零售商能更好地了解和参与到中医药产品的出口，极大地推动了当今中草药的全球化进程（北京周报，2018年8月）。中医药教育工作者、从业者和中药制药企业也加大了对“一带一路”沿线国家的接触力度。例如，在马来西亚，柔佛州依斯干达开发区的森林城市项目将建立一所中医院纳入其发展计划。该中医院将与佛山市中医院合作建立。① 2019年6月，菲律宾与福建中医药大学在马尼拉联合创办了首个中医药

① https：//www. scmp. com/week – asia/article/2105507/malaysias – forest – city – adds – traditional – chinese – medicine – its – grand – plan，2019 –07 –09.

中心。[①]

同样地，在中医教育方面，东南亚走廊沿线地区不乏有意愿与之合作的中医药机构。马来西亚拉曼大学（UTAR）与广西中医药大学合作，于 2017 年 12 月成立了中马中医药中心。该中心是促进中医医学、保健、教育、科学研究、文化交流和产业发展的综合平台。[②] 2019 年 4 月，中国厦门大学马来西亚分校与马来西亚 16 家中医诊所、医院和中医药公司签署协议，承诺为马来西亚中医药专业的学生和毕业生提供实习和就业机会。[③]

此外，中国的国营和民营中药制药、保健和美容企业与东南亚及其他地区企业的中医药业务合作伙伴关系也在不断扩大。之所以能够将中医药纳入“一带一路”是因为在中医药市场里中国的民营企业异军突起。一直以来，中药出口市场由大型国有中药制药企业主导，而如今，中国民营企业率先利用生物医学将中医药产品变成现代便携式健康包装和美容产品。相应地，近年来中药市场国有企业和合资企业逐渐减少。

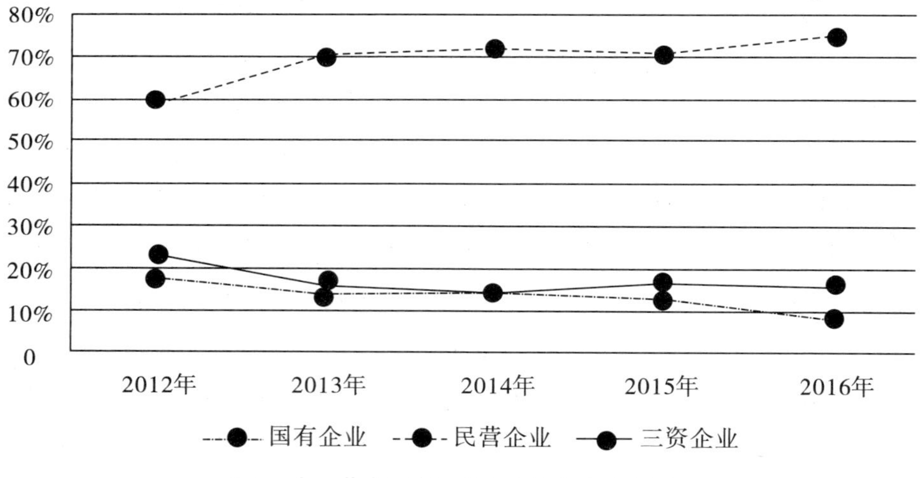

图 3　中医药出口市场各企业市场占有率变化

来源：《中药材流通市场分析报告 2016》，商务部市场秩序司，2017 年，第 11 页。

① https://www.pressreader.com/, 2019-07-09.

② https://www.utar.edu.my/econtent_sub.jsp?fcatid=16&fcontentid=109093, 2019-07-10.

③ http://my.xmu.edu.cn/2019/0426/c16257a367521/page.htm, 2010-09-10.

生产商、贸易商和批发商通过个人商业网络、贸易协会、商会和宗族协会的联系，建立和利用他们的关系网络和社会资本，从而形成贸易和商业网络，在中国、亚洲地区乃至全球范围内拓展业务。这主要得益于中国各地的政策，以及省级、县级华侨事务办公室在促进国内与海外华商关系做出的努力。比如，中国最大的中医药企业同仁堂与海鸥集团（Hai－O Group）建立了合作关系，海鸥集团是一家向马来西亚市场提供高质量中草药的马来西亚华商公司。[①] 2012 年，余仁生集团（Eu Yan Sang Group），一家 19 世纪成立于马来西亚和新加坡颇具盛名的中医药企业，与四川新荷花中药饮片股份有限公司成立了合资公司，为其中医药产品的生产提供原材料。[②] 此外，余仁生集团还与多所高等院校建立了研究合作关系，其中包括香港浸会大学、香港中文大学、东华医院集团（香港）、马来西亚拉曼大学（UTAR）、新加坡南洋理工学院、英国新加坡和西贝柳斯（牛津）国家癌症中心。[③]

得益于与新荷花中药饮片股份有限公司建立的合资企业，余仁生集团得以在中国立足，并向中国销售其中医药产品。

除了研究合作以外，中医实践还需要通过正式的治理体系实现合法化。在 2000 年以前，新加坡有许多小型中医诊所，主要由个人或中医医师及从业者组成的小团体经营，中草药的剂量主要靠中医药界自主调配。2000 年，新加坡政府出台了《2000 年中医法》。根据该法案，所有中医医师必须在中医医师委员会注册，所有针灸师必须在 2001 年之前注册，所有其他形式的中医从业者都必须在 2002 年之前注册。新加坡政府规定所有现有的中医从业者必须在 2004 年之前完成注册，并且必须持有有效的执业执照。政府还鼓励接受过中级中医药培训课程的中医药剂师自愿加入中医药管理委员会。[④]

在《2000 年中医法》实施初期，年长的中医们陷入忧虑，他们大多数是通过学徒的方式习得中医技能的，并没有正式的培训证书。而如今，所有的从业者都必须拥有执业执照。2019 年 2 月通过的《中医（修正）法》要求所有中医从

---

① https：//www. haio. com. my/pressreleases_detail. php? id =885，2019 －07 －10.

② https：//www. chinadaily. com. cn/m/bizleaders/2013 －05/20/content_16512456. htm，2020 －04 －24.

③ http：//www. euyansang. com. sg/en/research －collaborations/eyscorporate13. html，2019 －07 －10.

④ https：//www. moh. gov. sg/hpp/tcm-practitioners，2019 －08 －30.

业者参加专业义务继续教育（CPE），2020 年 4 月 1 日起生效。[①] 继续教育是他们更新中医执照的先决条件。此外，新加坡中医学院和中华医疗机构为新加坡本地人开设了中医课程。[②] 2001 年，新加坡中医学院与南京中医药大学联合开办了全日制中医学士、硕士及博士学位课程，并分别于 2003 年和 2005 年开设了学士学位和硕士学位课程。另外，2006 年新加坡中医学院还与广州中医药大学共同开设了非全日制本科和研究生联合课程。[③]

新加坡建立了正式的监管体系，在病人诊疗服务、草药制品和正规大学中医药培训扩招等领域，对中医药行业进行适当的管理，促使了中医药在新加坡的医疗行业和卫生部门中趋向主流发展。监管体系保障了医生的水平，防止不合格的医生滥用医术。这些措施大大提升了广大市民对中医和中医从业者的信任。

东南亚"一带一路"走廊上全球华人与中国中医药的互联互通在当地有两个显著的成效。首先，中医药在当地华人社区得到巩固和推广。第二，增加了沿线国家的品牌产品在中国内地的销售额。[④] 在新加坡，卖中药材的中药店口碑好、产品品质高、不卖假货。因此，不仅当地人对它们更加青睐，来新加坡的中国游客也会特意去购买这些产品。由此看来，作为软实力平台，"一带一路"加深了贸易合作、教育机构和社会之间的相互作用，使中医药在新加坡、东南亚乃至全球范围内走向正常化且获得广泛认可。

除了东亚和东南亚以外，不含化学物质、以草本植物为主的中药和中医治疗已经成为全球整体治疗的一个组成部分，并在欧洲得到普及。在英国，虽然中医还没有得到官方承认，但它自 350 年前中国移民第一次踏入这个国家以来就一直沿用至今（Ye，2016）。如今，针灸在有限范围内被国民保健制度认可为一种治疗手段。有些疼痛诊疗所和临终关怀院的理疗师会选择性地提供针灸治疗。[⑤]

在欧洲，虽然有许多中医诊所，市面上也有中药和凉茶出售，但中医作为替代医疗体系，并不被欧洲医疗体系支持，因此发展也受到限制（Liu，Yang，

---

① https：//www. healthprofessionals. gov. sg/tcmpb/en/home/Announcements/Index/compulsory-cpe-for-registered-tcm-practitioners，2019 – 08 – 30.

② https：//www. zhonghuayiyuan. com/post_ events/singapore-chinese-physicians-association – 2/，2020 – 04 – 17.

③ http：//www. singaporetcm. edu. sg/en/about_college. php，2020 – 04 – 17.

④ 赴新加坡旅游的中国游客通常会购买大量新加坡本地品牌及本地生产的中医药产品（包括药油），带回国自用或作为礼品。

⑤ https：//www. nhs. uk/conditions/acupuncture/，2019 – 05 – 05.

Cheng and Fan，2016）。中医是一种私人诊疗方式，病人必须支付治疗费用。然而，由于华人和其他族裔对中医服务的持续需求，中医从业者们仍不断地开设中医诊所。在荷兰，一名姓董的中医于1986年创办了一家小型中医诊所。随后他拓展了中医业务，在阿姆斯特丹开办了神州中医药开放大学。[①] 1989年，由来自西班牙和意大利的一批中医学者和从业者们与中国中医科学院广安门医院、北京中医药大学东直门医院和云南中医院合作成立了欧洲中医基金会（FEMTC），它的主要目标是在欧洲国家推广、教授和研究中医药。[②] 由于欧洲法律不承认中医是“医学”，中医药产品在欧洲只能被包装为食品和保健品（Snyder，Lu and Yazdani，2014）。

六、结论

在本文中，我们展示了中医治疗和草药制品在19世纪早期跟随中国移民走出国门的景象，中医药作为一种重要的替代医疗体系在亚洲和世界各地华人社区蓬勃发展。“一带一路”将其作为医学元素引入，是为了促进中医药进入日益扩大的全球生物医药市场。同时，中国通过利用中医药这一文化软实力，加强散居在外的海外华人与中国之间的联结。

在新加坡等东南亚国家的华人社区中，中药服用模式经历了一个变迁的过程。老式烦琐的中草药煎煮方式让位于现代的生产方式，草药制品的服用或使用方法逐渐简化。人们可以在中药房、超市和便利店购买到不同用途的个性化中药包。从滋补汤药包到产后妇女沐浴药包，以及缓解身体酸痛的药油，再到排毒养颜的食品和美容产品，一应俱全。随着进入21世纪20年代，“一带一路”倡议带动了中医药和凉茶产业的复兴，吸引了社交媒体的关注，也聚焦了中国和其他国家年轻一代，尤其是千禧一代的目光。

东南亚“一带一路”沿线的传统中医治疗和中草药的使用，促进了中国与东南亚华人之间的合作关系，同时增加了双方的社会经济交流。医疗机构、中医教育机构、生产/批发商、零售商、中医医师、消费者和患者之间的人文合作不断加强。总而言之，中医药作为一种文化力量，最终将加强区域内和跨区域的华人、其他种族及社会群体之间的互动，形成地方性和区域性文化汇聚地。

---

① https：//www. shenzhou - university. com/，2019 - 05 - 06.

② http：//www. chetch. eu/cms/index. php/consortium/institutions - involved/european - foundation - of - traditional - chinese - medicine. html，2019 - 05 - 07.

Traditional Chinese Herbal Medicine as Cultural Power along the Southeast Asian Belt and Road Corridor

Khun Eng Kuah

（Trans：Yun Chao，Xu Dingran）

Abstract：In 2013，President Xi Jinping launched the Belt and Road Initiative（BRI）as a global strategy to catapult China onto the global stage through port and infrastructure development，financial，technological，trade and cultural connectivity. The BRI embraces six corridors，one of which is the Southeast Asian corridor. Among the BRI portfolio，the Chinese government has identified traditional Chinese medicine（TCM）as an important health commodity for the global and Chinese Diaspora market. It is also promoted as part of the cultural and intangible Chinese heritage. This paper explores TCM as an important cultural power — a variant of soft power — that connects Mainland Chinese and global Chinese communities and enables the formation of regional social and economic networks that assist in the development of trade，leading to the formation of collaborative cultural basins between TCM institutions in China and Southeast Asian nations.

Keywords：Traditional Chinese herbal medicine（TCM），Cultural power，Collaborative cultural basin，Global legitimation of TCM，Southeast Asian Belt and Road Corridor

参考文献

［1］Snyder，F.，Lu，Y. and Yazdani，G.，Traditional Chinese Medicine and European Union Law：Cultural logics，product identities，market competition，legal rechanneling，and the need for global legal and medical pluralism，*Peking University Law Journal*，2014，1（2）.

［2］Tierra，M. and Tierra，L.，*Chinese traditional herbal medicine*，Lotus Press Vol. 2，1998.

[3] Wu, H-Z, Fang, Z-Q and Cheng, P-J, *Introduction to diagnosis of traditional Chinese medicine* (trans. By Han, C - P), World Century Publishing Corporation, 2013 (2).

[4] Yao, L., Shen, J-L and Li, J., Research on trend of international trade in "Belt an Road" of Chinese materia medica resources based on import and encouraging international perspective, *Chinese Traditional and Herbal Drugs*, 2019, 50 (14).

[5] Ye, X., Traditional Chinese medicine in the UK in the past forty years: an interview with Professor Bo-ying Ma, *Journal of Integrative Medicine*, 2016, 14 (2).

[6] Aoyama, R., " One Belt, One Road": China's New Global Strategy, *Journal of Contemporary East Asia Studies*, 2016, 5 (2).

[7] Kuah, Khun Eng, China's soft power: culturalisation along the belt road corridors. In N. Islam ed., *Silk road to belt road: reinventing the past and shaping the future* (pp. 121 - 145), Springer Nature, 2019.

[8] Li, Mingjiang, The belt and road initiative: geo-economics and indo-pacific security competition, *International Affairs*, 2020, 96 (1).

[9] Harilela, D. "Skincare using traditional Chinese medicine goes bespoke to treat acne, eczema and other common skin conditions", South China Morning Post, https: //www. scmp. com/lifestyle/fashion - beauty/article/3049492/skincare - using - traditional - chinese - medicine - goes - bespoke, 2020 - 04 - 17.

[10] Beijing Review, "Belt and road initiative gives traditional Chinese medicine a boost", 2018 (35).

[11] Department of Market Order, Ministry of Commerce, 2016 Report on the developmental flow of chinese herbal medicine (中药材流通发展报告 2016), 2016a.

[12] Department of Market Order, Ministry of Commerce, 2016 Market analysis report on the flow of Chinese medicines (中药材流通市场分析报告 2016), 2016b.

[13] Department of Market Order, Ministry of Commerce, 2017 Market analysis report on the flow of Chinese medicines (中药材流通市场分析报告 2017), 2018.

[14] The State Council of the People's Republic of China, "TCM gets healthy silk road boost", http: //english. gov. cn/news/top _ news/2017/01/19/content _ 281475545591726. htm, 2019 - 07 - 08.

[15] Traditional Knowledge Data Base, "Development Plan on the Belt and Road for TCM was issued in China", http://www.cntkdb.com/index.php/Index/News/index/ClassA/1/ClassB/1/id/476/ use/2, 2019-07-08.

[16] Liu, Y., Yang, Z., Cheng, J., et al., Barriers and countermeasures in developing traditional Chinese medicine in Europe, *Frontiers of Medicine*, 2016, 10 (3).

[17] https://www.shouyuliang.com/newsletters/2002 - february-march/the-yin-yang-and-five-element-theories.php, 2019-05-03.

[18] https://www.americandragon.com/Herb%20Formulas%20copy/BaZhen-Tang.html, 2019-06-20.

[19] http://wongyiunam.com/goods.php? id=14729, 2019-06-28.

[20] https://www.euyansang.com.sg/en/postnatal-connement-kit-88884250 0311.html, 2019-06-28.

[21] http://wongyiunam.com/goods.php? id=14729.

[22] https://www.euyansang.com.sg/en/postnatal - connement - kit - 88884 2500311.html, 2019-07-02.

[23] https://ich.unesco.org/en/RL/acupuncture - and - moxibustion - of - traditional - chinese - medicine - 00425#identification, 2019-05-06.

[24] https://www.who.int/dg/speeches/2016/chinese-medicine-sustainable/en/, 2019-05-05.

[25] https://www.nhs.uk/conditions/acupuncture/, 2019-05-05.

[26] https://www.shenzhou - university.com/, 2019-05-06.

[27] http://www.chetch.eu/cms/index.php/consortium/institutions - involved/european - foundation - of - traditional - chinese - medicine.html, 2019-05-07.

[28] https://www.scmp.com/week - asia/article/2105507/malaysias - forest - city - adds - traditional - chinese - medicine - its - grand - plan, 2019-07-09.

[29] https://www.pressreader.com/, 2019-07-09.

[30] https://www.utar.edu.my/econtent_sub.jsp? fcatid = 16&fcontentid = 109093, 2019-07-10.

[31] http://my.xmu.edu.cn/2019/0426/c16257a367521/page.htm, 2019 -

09 - 10.

[32] https: //www. hai-o. com. my/pressreleases_ detail. php? id = 885, 2019 - 07 - 10.

[33] http: //www. euyansang. com. sg/en/research - collaborations/eyscorporate13. html, 2019 - 07 - 10.

[34] https: //www. moh. gov. sg/hpp/tcm - practitioners, 2019 - 08 - 30.

[35] https: //www. healthprofessionals. gov. sg/tcmpb/en/home/Announcem ents/Index/compulsory - cpe - for - registered - tcm - practitioners, 2019 - 08 - 30.

[36] https: //www. euyansang. com/en_ US/maximising - the - eects - of - lingzhi/eysherbslingzhi2. html, 2019 - 08 - 30.

[37] https: //www. euyansang. com. sg/en/restoring - your - crowning - glory/eysgwhaircare1. html, 2020 - 04 - 17.

[38] https: //www. healthcmi. com/Acupuncture - Continuing - Education - News/1964 - acupuncture-and-herbs-outperform-hair-loss-drug, 2020 - 04 - 17.

[39] https: //www. chinadaily. com. cn/m/bizleaders/2013 - 05/20/content_ 16512456. htm, 2020 - 04 - 24.

“一带一路”背景下文化交流的潜力：以港式茶餐厅为例

梁浩瀚（Ho Hon Leung） 雷蒙·刘（Raymond Lau）* 范家丽（译）
唐 丹（译）

【摘 要】本文旨在提出一项研究议题：通过茶餐厅——20世纪50年代香港跨文化交流的“副产品”——探讨“一带一路”贸易沿线文化交流的前景。本文将食物、文化和流动性的概念融入了茶餐厅的研究议题和理论建构中，通过民族志的深度访谈，对茶餐厅系统进行深入观察，对选定的茶餐厅网站进行内容分析，以此来深入了解这种文化实践形式。本文从茶餐厅过往发展出发，认为“一带一路”可视为当前诸多贸易倡议中的一个，其沿线食品的消费、改良以及创新都是随人员和项目移动的商业行为。我们有理由期待通过文化交流获得诱人的商机和产品，这与以往茶餐厅在香港开始的发展类似。该研究议题提倡采用跨学科的理论和多学科的方法，探索“一带一路”给沿线国家带来的新发展，其中可能是新出现的，也可能是基于过去的实践继续同步的。希望本实证研究可以激发更多带有文化自觉的互动，进而促进理解、同情、宽容和尊重。

【关键词】茶餐厅；“一带一路”倡议；流动性；移民；文化交流

* 作者简介：梁浩瀚（Ho Hon Leung），纽约州立大学奥尼昂塔分校（SUNY College at Oneonta）社会学系教授，研究方向为城市研究、建筑社会学、老人生活的跨文化比较、民族关系和移民。雷蒙·刘（Raymond Lau），英国皇家建筑师学会（RIBA）特许建筑师，毕业于加拿大麦吉尔大学（McGill University），并在英国伦敦建筑联盟学院（AA）获得专业学位，主要关注空间条件和社会发展之间的关系。

一、引言

2013 年 9 月，中国国家主席习近平在哈萨克斯坦纳扎尔巴耶夫大学（Nazarbayev University）发表演讲，提出"一带一路"倡议，希望与"一带一路"（从中国西部到中亚和欧洲的丝绸之路经济带和从中国到东南亚、中东、欧洲、非洲的21 世纪海上丝绸之路）国家建立伙伴关系，和平发展，共同繁荣。"一带一路"倡议的内容包括"政策沟通、设施联通、贸易畅通、资金融通、民心相通（'五通'），重点是基础设施互联互通、经贸合作、产业投资、能源资源合作、金融合作、人文合作、生态环保合作和海上合作八个方面，以建设六大经济走廊和两个重点方向为目标"（Shang，2019：2）。与任何一个类似规模的项目一样，"一带一路"倡议在国际上引起了不同政府、决策者、经济和金融部门的赞誉、质疑和讨论，这点不足为奇（ESCAP，2017；Hart - Landsberg，2018）。"一带一路"对相关国家和人民以及国际社会可能产生的积极与消极影响（更多例子详见 Maswana，2015；Liu，2019）不在本文讨论范围内，本文重点在于提出一个研究议题，该议题受到新型流动性范式的启发（Sheller and Urry，2006；Sheller，2014），通过茶餐厅这一跨文化交流的"副产品"来探索这些贸易路线背景下的文化交流，并通过研究食品和食品学，更好地了解社会变化和动态。

二、"一带一路"倡议文献综述

现有"一带一路"相关的文献主要关注地缘政治经济，基础设施项目的进展和完成情况的报道，以及"一带一路"和以往其他贸易路线的历史比较。一些学者认为"一带一路"是一种新兴的地缘政治文化，在习近平主席领导下，改写了地缘政治叙事和空间政策（Ferdinand，2016；Lin，Sidaway and Woon，2019），也是中国 21 世纪对外开放政策取得重大成就的一座里程碑。Du（2016）认为"一带一路"倡议的终极目标是打造全球经济治理的新格局，通过这一新格局，中国将其经济结构从制造和出口廉价商品扩展到跨大洲的基础设施、能源和经济投资。该倡议还可能有助于解决一些内部经济压力，例如工业产能过剩，美元储备过剩和劳动力过剩（Summers，2016）。

Maswana（2015）从中非关系的角度审视了"一带一路"倡议。他认为中国与非洲合作伙伴之间的贸易关系不仅存在不对称性，而且，由于日益依赖中国提供的资金来满足自身基础设施需要，这种不对称性会进一步加深（Maswana，2015：96）。但是，从实证来看，有人认为这种依赖与欧洲殖民时期的贸易模式不同，并认为这种依赖并非有意为之，而是当前国际秩序下的意外结果（Maswana，2015：108）。

另一种理解“一带一路”的方法是历史比较法。“丝绸之路经济带”与“21世纪海上丝绸之路（又称‘新丝绸之路’）”都是对“一带一路”的描述（Yagci，2018）。很多研究试图追溯“一带一路”沿线的平行贸易活动及其在汉、唐时期的实践，认为当时中国与中亚、东亚、俄罗斯、伊朗、印度、欧洲和非洲的贸易往来是非常活跃的。海上丝绸之路充分利用了马六甲海峡，与印度尼西亚、南亚、阿曼湾、亚丁湾、红海、埃及、东非进行海上贸易（Siddiqui，2019）。明朝郑和七下西洋，对外通商，也经常用于解释“一带一路”的本质（Xing，2019）。

多维度的经济和文化发展并不局限于“一带一路”沿线国家领土范围之内。相反，Liu（2014 年被引用于 Sidaway and Woon，2017：592；Guluzian，2017）认为这一倡议应该理解为一个抽象并有比喻意味的概念，以此重振中国与古丝绸之路沿线其他国家的文化内涵和历史上的贸易关系，具有广阔的地理可能性。无论“一带一路”是区域性的还是全球性的，这一贸易倡议与世界上其他国家的倡议并无分别。在贸易方面，中国过往与当前的贸易惯例同其他多极化、多元文化的国家没有太大区别。虽然美国、加拿大和墨西哥都是《美墨加三国协议》（前身为《北美自由贸易协定》）的贸易成员，但他们也是全球贸易的参与者。欧盟和东盟成员国也在做同样的事情。全球范围内，目前贸易协定数量已超过 300 个（Thompson，2019），全球化时代下，贸易活动空前密集（Zhou，2010）。“一带一路”是贸易过程中“自然”产生的（ Aquil and Shoaib，2017）。贸易一直以来都是一种人类活动。总的来说，“一带一路”是在全球新自由资本主义体系中具有中国特色的倡议，在这个体系中，先进的通信技术带来了越来越多的贸易、金融、文化、思想和人员流动（Lewellen，2002：8 –9）。由于“一带一路”这样的大型项目是近几年才出现的，研究人员仍在努力探索其性质、发展和成果。现有文献表明，将文化交流作为“一带一路”的成果或产品的实证研究存在空缺（Xie，2018）。大多数研究都没有考察“一带一路”下的文化交流，而是倾向于量化数据，经常报告参与“一带一路”文化项目的人数。例如，香港“一带一路”网站（http：//onebeltoneroad. com），旨在为民众提供必要信息，让人们更好地理解该倡议。该网站上的"民心相通"部分（Belt and Road，2020）报告了一些喜人的统计数据，这些数据涉及几个核心领域的交流，包括学术、文化、科学和技术。截至2017年，"一带一路"沿线学校招收的中国留学生超过30万人次，丝绸之路沿线国家来中国学习的留学生数量超过20万。沿线国家的中医药中心在国际市场上注册了100种中药产品，为约20万名海外患者提供了中医治疗服务。此外，"一带一路"沿线国家的旅游业也蓬勃发展，还包括其他来访的国家，"一带一路"文化方面的研究主要集中在中国传统文化上，如儒学、佛教（Dellios，2017）和语言（Xie，2018）。然而，探索这些民族之间如何互动，以及这些民族在文化交流期间和之后有什么经历，这方面相关研究仍然很少。

已建成的基础设施、贸易、地缘政治经济伙伴关系数据更容易记录，与这些数据不同的是，文化方面的数据往往需要时间才能显现。这种显现的过程可能更为微妙，且需要积累。在"一带一路"背景下，本文旨在提出一个研究议题，探索全球大融合环境中，人与人之间、社会与社会之间互动产生的貌似合理的文化协同效应（Nederveen Pieterse，2004；Appadurai，1996）。

文化是人们处理日常生活问题的实践。简单来说，从某一群体"复杂整体"的方方面面（Clifford，1993：66）研究食物，对社会而言是一种可行的探索方法，因为所有人都需要吃东西，食物是生存和生活最基本的必需品之一。问题在于食物和文化是如何在日益移动的系统中演变的。因此，在对茶餐厅进行实证研究的基础上，从食物、文化和流动性这三个概念中得出本文的理论框架。

Sheller和Urry（2005）提出并由Sheller（2014）进一步发展的"新流动性"范式是研究全球化、游牧化与流动的及时理论和方法论。作为一种多学科和跨学科方法，该范式促使学者将注意力集中在"移动的具体物质实践、数字通信流动性、支持或破坏移动的基础设施和治理系统，以及移动和静止背后的表征、意识形态和意义"（Sheller，2014：789）。同时，这一范式鼓励采用混合、创造性方法进行生动的实验，"'在这些复杂、动态的'运动过程发生时，控制、执行，甚至干预它们"（ibid：801）。食物的消费、创造、杂交和融合，以及它在当地和跨地区（Counihan，Van Esterik and Julier，2019）的社会文化意义、重新诠释和象征意义，是如何在21世纪的移动中被实现、理解、研究和传播的，这些值得我们关注。茶餐厅及其供应的食物是"一带一路"研究的理想课题，这一文化实践是受港英时期英国高茶（high tea）文化的启发，现已随香港移民传播至东南亚及世界各地。

三、研究方法

民族志调查法用于探究人们对茶餐厅文化的实践和看法。目的性抽样和滚雪球非概率抽样用于定位受访者，包括茶餐厅常客、员工，以及对此文化深有了解的人群。半结构式访谈用于了解茶餐厅的过往与经营状况。香港的茶餐厅案例已根据其演变的时间顺序，经过有目的的选择。对茶餐厅进行系统参与性观察，关注茶餐厅的空间特点以及人们在那里的行为表现。对收集的数据进行主题分析，寻找浮现的模式。

所选取的部分香港地区以外的茶餐厅案例是笔者本人旅行途中遇到的，它们的所在地，除加拿大外，与“一带一路”倡议的发展方向一致。但是，加拿大入选是因为中国移民是加拿大第二大非欧洲裔移民群体，这些人的移民经历不仅影响当地华人社区，还影响了整个国家（Wong，2017）。两位笔者在加拿大有长期的生活经历，拥有多伦多地区茶餐厅的一手研究资料。

同时，两位笔者也对不同茶餐厅的网站进行了内容分析，了解这种文化实践及其发展历程的变化。由于有关茶餐厅的口述历史和资讯已在网络和报纸杂志等多种媒体上公开，相关流行的休闲读物数量众多，因此笔者采用交叉验证和与业内人士核实的方法确保分析的高度准确性。

四、茶餐厅的历史与发展

自 1842 年英国对香港实行殖民式统治开始，殖民者逐渐将他们的生活方式和烹饪风格引入香港。可是，提供西式菜肴的餐馆价格高昂，只有殖民者和上层社会人士才吃得起。据说 19 世纪 50 年代后，“冰室”这种初代茶餐厅的出现是为了满足普通百姓在饮食这方面的需求。

冰室通常店面不大，供应简易的中西混合菜品；一些大排档也供应相同的菜品。一位四十几岁的受访者谈到，深水埗是香港最落后的地区之一，仍完好地保留着香港传统生活方式。他说：“19 世纪 70 年代期间，香港特区政府出于公共卫生考虑，决定停发大排档营业执照，但是政府也给了大排档经营者一个机会，让他们搬到室内，于是就有了现在的茶餐厅。”

一般认为大排档、冰室和茶餐厅等这类港式茶餐厅饮食文化的起源，是受到英国“下午茶”和“高茶”文化的启发。这些餐厅仿照英式餐厅的风格，提供平价傍晚茶，于是根据它们独特的混搭糕点理念，向顾客供应简单的菜品，如茶、咖啡、多种口味的三明治、吐司。一些冰室供应红豆饮料、菠萝饮料、混合水果冰茶（Ngan Lung Catering Limited，2013：14）。尽管菜品的数量十分有限，这些冰室和茶餐厅里的混搭菜品都是香港独创的。

随着香港经济发展，餐馆间竞争日趋激烈。许多独营茶餐厅无法与连锁茶餐厅竞争，为了维持生意，一些茶餐厅开始 24 小时营业。菜单也迎合消费者需求做出改良，除了供应常见的咖啡、奶茶、吐司、糕点、其他茶餐厅常规菜品和各种面条之外，他们还为顾客提供午餐和晚餐。根据厨师的创造力和配料的可用性，餐厅会调换不同的晚餐菜品组合。虽然冰室和茶餐厅以往的经营模式有显著差异，但现在的茶餐厅经营模式已经融合了这两种模式。一些最近人气高涨的港式茶餐厅，它们的经营模式完全和普通餐厅一样，却故意给自己起名为冰室。2011 年开业的华星冰室就是最好的例子。

五、茶餐厅的特点

尽管茶餐厅的布局和装潢多种多样，尤其是最近人气高涨的那些，但茶餐厅有一些特征与普通餐厅有明显区别。与价格更高、注重隐私和特别招待的餐厅不同，茶餐厅的门面通常是透明的。店面的一侧摆着新鲜出炉的面包和各式蛋挞（见图 1），这些面包和蛋挞是给外带顾客准备的，他们通常由入口处的收银员接待。

图 1　老式茶餐厅门面（笔者摄）

茶餐厅内部，卡座通常沿两侧的墙排列。方形和圆形的桌子摆放在中间，排列紧凑，只留出一条很窄的过道。桌面上都盖有一层玻璃，顾客可以看到压在下面的菜单，账单也可以放在玻璃和桌子之间。

由于菜品相对简单，客人们通常吃完就走。用餐高峰期，顾客需要与其他人拼桌。因为翻台率很高，所以必须迅速收拾桌面。餐具也必须经久耐用，但有两种类型的杯子特别引人注目，一种是塑料杯，通常用于欢迎客人，客人入座后，马上为客人盛上清淡的茶水；但咖啡杯和茶杯用的都是比较厚的陶瓷杯，这是为了给饮料保温，让风味更持久，特别是像“丝袜奶茶”这样的招牌饮品。这种奶茶因其制作工序而得名，其名字描绘了用热水冲泡的茶流过长条形茶叶过滤袋时丝滑的样子，这个过滤袋就好似女性的长筒袜。

茶餐厅菜单上有几样东西是独有的（全面的茶餐厅菜单介绍详见 Lo, 2008）。如前文所述，其经典菜单是一系列文化融合的创造：菠萝包、鸡尾包、墨西哥包、蛋挞、椰塔等糕点都是港式茶餐厅的发明；在一个又高又厚的玻璃杯里装满红豆糖水和碎冰块，有些会加冰激凌或者炼乳；一小块黄油夹在切开的脆皮面包里，这种面包叫菠萝包，但是里面并没有菠萝。菠萝包配上一杯丝滑的热奶茶绝对是茶餐厅的必吃组合（见图2）；法式厚吐司片搭配融化的黄油或花生酱和糖浆是另一种茶餐厅发明的新吃法，简单的炼乳吐司也很受欢迎。有些人喜欢点一杯也是用这种厚实杯子装的浓咖啡来就餐，而另外一些人则对“鸳鸯”这种新饮品感兴趣，“鸳鸯”是由一半茶和一半咖啡再加上淡奶混合而成。顾客会点咖啡、茶或者在西方不太常见的鸳鸯。

图2　黄油菠萝包和奶茶（笔者摄）

最后，与其他类型的餐厅不同，茶餐厅24小时营业，从早餐、午餐、晚餐、茶歇一直到夜宵都供应餐食，包括中式、西式以及混合菜品。菜单基本上可以满足不同的顾客群在同一时间对各种食物的需求，价格也比较亲民。西餐厅也许供应意大利面或牛排，但它们的菜单不包括炸薯条和面食。传统中式茶楼供应美味的茶点和其他传统中式特色菜肴，但不供应吐司和黄油菠萝包，也不供应港式咖啡和奶茶。一位 60 多岁的女士欣赏茶餐厅的这种独特性，说"茶餐厅会承包你一天的胃"。

简而言之，茶餐厅的特色就如许多香港人所说的"高效、便宜、美味、随处可见"。港式茶餐厅是一个"东方与西方""本地与国际"交汇的地方，也是两种文化之间交流互动的结果（Chan，2018：323）。

六、茶餐厅顾客的实践

（一）从日常到猎奇

可以肯定地说，几乎所有香港人一生中至少都去过一次茶餐厅。许多人都是常客，只要他们有需要就会去，正如一名受访者说的那样，它能够全天候填饱我们饥饿的胃。例如，位于西湾河附近的百利冰室，1964 年就开业了。一位 20 岁的大学生受访者表示，她通常每个周末参加活动之前都会和家人一起去这家茶餐厅吃早饭。她最喜欢那里的奶茶、蛋挞和沙翁。沙翁是一种油炸后裹上白糖的面团，类似于蜂蜜甜甜圈。

崇光百货是位于铜锣湾闹市商区最大的百货公司之一，一名在崇光百货工作的中年女性售货员在"下午茶"时段来到银龙餐厅吃午饭，她解释说，下午3：30左右是吃午饭的最佳时间，因为人少，而且下午茶菜品有优惠。这家餐馆的另一位常客是一个 60 多岁的男人。他基本上一天来三次，早、中、晚餐都在这儿吃。他说："这里的食物品质很好，提供免费 Wi-Fi 是这里最好的服务之一。"

然而，有些人去茶餐厅，不仅为了品尝食物，还有其他目的，他们寻求的是个人记忆的体验。安妮（Annie）出生于香港岛南部一个不发达的地方。作为一个有三个孩子的家庭主妇，50 多岁的她有很多空闲时间，孩子们都上学去了。她走了不同的地方，只为寻觅一杯好奶茶。她有几家喜欢的茶餐厅，但由于租金太高都关门了。她很喜欢银都冰室（见图 1）的奶茶和新鲜出炉的面包。这家店于 1968 年在华富村开业。她在结束采访时说："现在很流行打卡这些复古风格的茶餐厅，这是一种怀旧的体现。"类似的还有上环区海安咖啡室，咖啡室的两位中年男子说："我们从来没有来过这里，所以来试试看。"海安咖啡室 1952 年正式开业，是一家典型的小咖啡室，菜式简单，装修保留了二十世纪五六十年代咖啡室的风格。

以上采访中可以看出很明显的怀旧主题。下面这个例子恰好说明茶餐厅的顾客如何将打卡视为一种怀旧体验。大利冰室位于九龙的深水埗区，有 60 多年历史，吸引了很多附近的常客。这家餐厅是一家典型的茶餐厅，里面的装潢，除了电视，都是原来的样子，顾客是社会较底层人士。这家店现在的老板解释为什么这里的回头客多，“这里有一种人情味”。这种人情味可以理解成不同的东西，比如顾客来到一个熟悉的环境，看到熟悉的面孔，还有堆积成山的一箱箱原材料里面混着一些个人物品，这种家的感觉和那种专业化管理的茶餐厅形成了鲜明对比。

（二）用于聚会的茶餐厅

采访结果表明，茶餐厅是一个社会空间。与星巴克“第三空间”（Lin，2012）的概念相似，茶餐厅是一个人们想聚在一起，在吃喝的过程中愉快交谈的地方。比利（Billy）以前是当地一家知名报纸的编辑，与他进行交流，他回忆起了一些很好的例子。祥兴冰室成立于 1951 年，位于香港岛跑马地附近的一个马场，曾是许多骑手、训练员、名人、明星聚会的地方。虽然茶餐厅已重新翻新，他们的照片和签名仍是其传统装饰的一部分（Leung，2016）。比利回忆说，“人们去那里是为了看看名人”。另一个例子是红棉冰室，位于九龙区的长沙湾。一位经验丰富的纺织商曾在那儿开过布料店，他回忆说，“那里曾是纺织代理商的热门聚会地。20 世纪 60 年代红棉冰室在那里开业；80 年代冰室老板移民到外国；90 年代回来后，他又重新开了这家冰室，但只营业了大约 10 年就永久歇业了”。由于纺织业的商店和工厂都聚集在这里，所以这些代理商为了商业联系聚在这个地方并不奇怪。该地区被称为香港的纺织业中心（The Hong Kong Tourism Board，n. d.）。琳达（Linda）是一位退休的城市规划师，她补充解释了为什么茶餐厅是一个非常受欢迎的聚会场所，“香港是一个高度密集的城市，居住空间非常有限。朋友或亲戚来拜访时，我们通常会在茶餐厅见面”。

（三）港式茶餐厅走出去

茶餐厅传播到世界其他地区不是突发的过程也不是迅速的过程。包括全球化在内，移动系统中的物质和非物质流动是随着人的流动而流动的（Favell，2001）。对美食的怀念是一种文化实践，是移民生活中不可分割的一部分

（Vázquez-Medina and Medina，2015）。通过研究中国内地及其他地区茶餐厅的实例，港式茶餐厅的例子证明了茶餐厅在不同地区对不同美食进行的调整、改良和融合。在不同的当地环境中，做出来的东西可能与原来的外观和味道不尽相同。然而，将"外国食品本土化"原则是茶餐厅历史和经营传统的内在价值。这种差异化的机制涉及小企业、经营者和消费者之间的复杂互动，推动了各种各样食物景观商机的发展，这种商机立足于每个特定市场的利基市场之中。

香港以外港式茶餐厅的例子表明，茶餐厅不仅原汁原味地复制了它在发源地的样貌，也成为融合20世纪50年代及其后的香港城市文化的象征性代表。为了模仿当时历史背景下的港式茶餐厅，海外茶餐厅采取的主要方式是加入一些复古物品——过时的电影海报、早期的电车照片、霓虹灯招牌、香港地名、几十年前的软饮料瓶、一台老式收音机、一台士多或"转角小铺"里饮料冰柜。这些店也使用士多的标志，提供港式茶餐厅里经典的甜味、咸味街边小吃，有的小吃还作了改进。这些是50年代及之后的经典代表物品，它们营造了一种香港文化氛围，对茶餐厅的商业模式很有帮助。这种文化氛围引起了海外侨民的怀旧共鸣，引发了当地出生的香港侨胞寻找自己根源的好奇心，也让所有人都能体验具有异域风情的美食环境。

虽然香港和澳门曾受殖民式统治，但1949年之前，中国人在内地和这两个城市之间的往来一直是不受限制的。19世纪外国入侵期间，以及在那之后，西方文化对内地的影响很容易蔓延到香港和澳门。随着两地的经济发展，这种情况还在不断加强。澳门到香港需要乘船一小时，是一个有着类似殖民历史的城市，这段殖民式统治历史极大地影响了当地的饮食。1999年回归中国后，澳门特别行政区至今仍能够看到丰富的中西方文化交流痕迹，尤其是饮食文化方面。南屏雅叙茶餐厅就是一个很好的例子。它坐落于一个安静的居民区，远离主要旅游区，开业大约有五年了，深受附近居民欢迎。这家茶餐厅外墙简约，装饰也有些破旧，其环境和座位安排类似于20世纪60年代的香港茶餐厅。一篇网络报刊文章推荐了澳门三家必去的茶餐厅，南屏雅叙茶餐厅就是其中之一。文章（魏，2018）称赞了在前文提到的沙翁的口感和质地，沙翁是一种甜点，"形圆味甜，外酥里润"，是该餐厅的招牌美食之一。除了传统的茶餐厅美食之外，这家餐厅持续供应新品。"猪扒包"是澳门的创新美食之一，许多澳门的港式茶餐厅也供应这种猪扒包。

深圳与香港北部接壤，也是离香港最近的内地城市。中国改革开放 40 多年来，两地之间的双边商务活动呈指数级增长。自 20 世纪 80 年代初以来，到深圳旅游、工作和生活的香港人数量也在急剧增加。为了满足经常来深圳的旅客对美食的渴望，许多香港餐饮品牌开始在深圳开设分店。

香港新发烧腊茶餐厅于 1973 年在香港开业，目前在深圳有八家分店，是一家口碑不错的茶餐厅连锁店，以实惠的价格和 24 小时营业而闻名，这一点对于附近居民和夜猫子顾客来说是很好的卖点。正如品牌名称所示，这家连锁餐厅专做烧腊。许多人聚集在店铺门口，等着打包带走这些招牌菜。多年来，最受欢迎的菜品是烧鸭和叉烧，此外还有出名的茶餐厅主食，如奶茶和菠萝包（林，2020）。

查餐厅是上海早期的港式茶餐厅之一。正如餐厅名字的读法一样，汉字“查”和“餐厅”在普通话和粤语中都读作“茶餐厅”。这种一音多字并不是巧合，而是给行家们一个明确的暗示，告诉他们店里卖什么。

思南路上第一家茶餐厅位于上海著名的淮海路商业街附近，装修简单的店面和霓虹灯招牌一开始并没有吸引太多的注意力，但在这不显眼的门面背后，却是一片熙熙攘攘的热闹景象。用餐高峰期间，这家餐厅有很多人排队，它以正宗、便宜又好吃的港式食物而闻名，并且一直开到深夜。店里仿古的顶部推拉门冰柜里有用于冷却饮料的冰块和冰水，在桌面的玻璃板下还有快速参考菜单，就像在香港一样。收银台旁边的玻璃架上摆放着一摞摞包装好的午餐肉、方便面和一罐罐好立克（一种饮料）。更重要的是，用来制作奶茶和其他饮料的淡奶也摆放在那儿。

开在北京的茶餐厅与前面所述的茶餐厅形成了鲜明对比。港丽餐厅在上海取得成功，然后在北京开了分店，它用不同的方式展现茶餐厅的主题。奢华的装饰和精致的摆盘与简单朴素的香港原版形成了鲜明的对比。彩色玻璃面板和镜子中反射出为每道菜量身定做的简约白色陶器。他们用食物的摆盘和装饰展现出融合菜的创新，以此体现他们将家常菜打造成精致佳肴的目标。在来自全国各地、世界各地的菜肴中，这家“茶餐厅大杂烩”连锁店以其“营养丰富的广东靓汤、美味的甜点而闻名，招牌甜点有冰激凌‘蜂蜜厚多士’”（Beijinger，2016），这是香港发明的厚吐司的一种改良版，其厚度超出了香港人的想象：有吐司面包的一半宽。

出于一系列复杂的政治、经济、文化、社会因素，中国人旅居、定居东南亚国家的历史悠久（Reid and Aliunas-Rodgers，2001）。这些移民与东南亚茶餐厅发展之间的关系，不在本文的讨论范围之内。但那里确实有很多茶餐厅，可以看作是吸引目标客户的商机，其经营者不一定是香港移民，就像北美有许多由非日本人开的日本料理店一样。一家冰室连锁品牌决定将地道港式茶餐厅的味道带到泰国曼谷，这家冰室就是文总冰室，这家店大力打造20世纪50年代主题的茶餐厅，其菜单上大胆地写着"正宗香港冰室"或"茶餐厅美食进驻曼谷"的字样，它们彰显了这家店的追求。餐厅装修可以说是致敬经典，主要由马赛克地砖、古董吊灯、三叶吊扇、绿色塑料可伸缩天篷、木框窗户、滑动金属大门等独特的元素组成，提供的食物里也能看到为再现原版的样貌和味道花的心思。值得注意的是，它们的招牌奶茶是用厚陶瓷杯装的，这是致敬减少饮料热量损失的老办法。重建复古风格的茶餐厅是为了让顾客产生一种怀旧感，好像把他们带回到了20世纪50年代。

马来西亚槟城的一些茶餐厅也值得关注。六号冰室和港室八点钟这两家独营茶餐厅尤其值得注意。在市场定位方面，两家的商业模式和营销策略相似，也都借鉴了香港前辈的经验。沿着一排排长长的两层柱廊式"店屋"望去，现代的纯色招牌与当地浅色殖民风格的建筑外墙并列，在颜色和风格上形成了鲜明的对比。餐厅内，壁画沿着主墙延伸，描绘了香港的历史景观，偶尔还附有难以辨认的旅游区的汉字或香港地铁站的名称。

菜单方面，六号冰室增加了鸡蛋仔、鱼蛋串、碗仔翅、蒸笼点心和炖蛋等香港街边美食，为了打造一场真正的香港"美食盛宴"。港室八点钟每天从早上8：30开始就摆上刚出炉的蛋挞和菠萝包等招牌菜，这两道都是传统茶餐厅菜单上人们期待出现的菜品。

最重要的是，这两家茶餐厅倡导的菜品"本地化"，对于餐厅的可持续经营具有重要意义。当地一华文报纸《光明日报》的专栏注意到了这一点，并将中国香港的清淡风味与马来西亚的浓厚口味进行了比较。从港室八点钟的观点出发可以得出结论，为了符合当地人的饮食习惯，调整腌泡汁口味的轻重和选用的种类是至关重要的（Hong Kong 8 A. M.，2017）。槟城的这两家餐厅都供应著名的澳门创新美食猪扒包的改良版。他们用极力推荐的菠萝包代替脆皮白面包，并用特别给它起的中文名"菠萝猪"进行宣传。他们想象力并没有到此为止。另一家将本土版猪仔包做成三明治，里面夹汉堡肉饼、双面煎蛋和火腿。

地球另一端的多伦多市是加拿大最大的香港移民聚集区之一。因此，茶餐厅在全市范围内都很受欢迎，种类繁多，分布广泛。南园餐厅位于大多伦多北部地区的列治文山市中心，这个区域的香港和内地移民相对较多，这家餐厅也是这个区域最老、经营最久的餐厅之一。

这家餐厅位于购物中心的有利位置，坐落在拐角处，占据了一个长的单元，游客可以从购物中心外看到其延伸的全景。虽然紧挨着商场的主入口，但另一个直接入口让它不受商场开放时间的影响，餐厅也因此成为夜宵和社交聚会的热门场所。它的内部设置似乎更接近于一家配有中式厨房的常规餐厅，厨房内设备齐全，其著名的脆皮烧烤吸引了人们的注意力。然而，在餐厅的互联网主页上，用一杯奶茶来展现其为“港式风格茶餐厅”，象征性地将其与港式茶餐厅联系起来（Richmond Court Restaurant, n. d. ）。

金凤餐厅以海南鸡饭和鱼肉汤粉闻名，是这座城市另一家走不同经营路线的餐厅。尽管“港式风格茶餐厅”没有在任何地方写明，但其菜单却非常具有茶餐厅风格，供应的黄油菠萝包、三明治、雪糕红豆冰等就是典型的例子。除了能想到的茶餐厅美食，该餐厅还有自己的创新，早餐有夹单面煎鸡蛋和奶酪的“菠萝包三明治”，汉堡有夹牛肉饼和奶酪片的“菠萝包三明治”。和马来西亚槟城的六号冰室一样，金凤餐厅对鸡蛋仔进行了改良，给鸡蛋仔淋上巧克力酱，裹上几勺各种口味的冰激凌。

港式茶餐厅的灵感来自英国的傍晚茶。可以研究这种茶餐厅类型多大程度地回归了自己的发源地，这与“一带一路”倡议的最新发展有关。2017 年 1 月，第一列从中国浙江义乌开往英国的列车投入运营，全程 12 000 公里，历时 18 天。接下来这家英国茶餐厅的例子体现了生搬硬套和过度本土化改良导致的面目全非。这家伦敦餐厅用简体中文的拼音“ChaChaanTeng”作为名字，并且故意在 Cha Chaan Teng 之间不加空格。餐厅内背景音乐和装潢让人容易想到这是家茶餐厅，但是餐厅宗旨与提供的食物很难让人理解它为什么叫这个名字。

这种奇特的茶餐厅是一种新的尝试，再现了茶餐厅兼收并蓄的本质，即在伦敦多元文化混杂的背景下，成为“东西方文化相遇”的地方。一位美食评论家评论道，“不幸的是，作为茶餐厅的招牌美食，他们的奶茶不是正宗的港式奶茶。和我之前猜想的一样，红茶很浓，但他们没有使用传统的淡奶加炼乳的组合，而是选用了普通牛奶和糖。因此，他们的奶茶没有港式奶茶特有的那种丝滑的质地和口感"（Tran，2016）。

知名的美食评论家奥洛赫林（2016）将这家餐厅提供的混合菜称为"改造食品，意为一道因社交媒体趋势而强行制成的大杂烩"。这一观点清晰地表明了他反对将不搭的原料混入原本搭配和谐的菜品中，这的确也是这类茶餐厅的缺点。

七、讨论和结论

本文的目的是以茶餐厅的动态变化为例，说明在高度流动的全球化世界之中，饮食与文化研究的重要性。与其他有关饮食和文化的研究一样，对茶餐厅实践的探索揭示了其跨越空间和时间的复杂演变轨迹，这种轨迹再现了相互交织的"场所与人的关系"（Sheller and Urry，2006：214）。许多现代产品不能仅用某一个地方的材料制造而成，也不能仅依赖于当地的生产线，从像航天飞机这样的高科技发明到像鞋子这样的日常用品都是如此。这些发明和产品严重依赖于复杂的供应链网络，其中包括材料生产、劳动力供应、物流（Volkin，2020）。究竟是这种相互依赖造就了全球化体系，还是该体系造就了这种相互依赖的结果，这个问题可谓仁者见仁，智者见智。"一带一路"可以理解为扎根这一既存的全球贸易网络中的一项倡议。尽管所有的贸易都在一定程度上属于地缘政治议题，并受地缘政治影响，但全球贸易是必要的（尤其是在全球化时代）。尽管"一带一路"只是当今世界众多贸易倡议之一，但它是基于具有中国特色的古丝绸之路为背景创造的。

香港茶餐厅生活方式的产生，茶餐厅不断变化的菜单逐渐传播到世界其他地方，都是这种"流动性"作用之下的有趣结果。茶餐厅源于殖民统治时代以来英国美食文化与中国香港饮食文化的融合和改造。然而，西餐在制作和呈现上与当地原本的做法差异很大，茶餐厅也是如此。很明显，茶餐厅的茶、面粉、糖等主要原料都是从其他地方进口的，因为这个小城市除了美丽的港口之外，没有太多的自然资源。此外，这种差异不仅将餐厅划分为不同的类型，而且还基于阶级和地位进行区分，从而产生特权优越感。在某种程度上，茶餐厅通过满足公众对西方文化的崇拜和对社会流动的渴望，在香港的社区中找到了自己的市场，这就是茶餐厅的发展源头。

茶餐厅在香港社区的普及反映了公众的真实需求，日益扩大的美食市场吸引了更多人加入这个行列。为了提高竞争力，发展壮大，或者只是为了生存，一些茶餐厅将各种菜系进一步拆分、合并，从而扩大顾客的选择范围；而另一些则通过改善室内装潢、重新安排座位、提供更好的顾客服务等方式，创造更好的用餐体验。茶餐厅作为一种商业模式，菜单普遍越来越丰富，足够全面，能满足市场的需求和波动，同时也足够敏感，能反映出顾客乃至社会整体的动态。

“流动性”概念的另一个特点是，几十年来，随着人员的移动，茶餐厅这类餐厅传播范围更广泛，甚至蔓延到了各大洲。本文所选取的茶餐厅案例数量有限，通过所选案例展示茶餐厅经营方式的可能性。香港以外的茶餐厅，不仅仅是对其家乡半个多世纪历史的描绘，更多的是文化追忆的综合实践。茶餐厅是各种文化、社会阶层、地域环境、个人习惯等不断融合之后具有象征意义的结晶。国内外的固有分歧或相似之处，加上茶餐厅的“润滑性”，促成了一种独特的文化交流范本：通过满足人类的基本需求（个人的成就感和清晰的归属感），协调了不同文明之间具有象征意义的互动或冲突。

总之，现在从“一带一路”的实践中看文化交流的成果还为时尚早。本文从茶餐厅的发展出发，认为随着“一带一路”继续推动项目的进展和人员的交流，一些有趣的社会现象有望出现。沿线食品的消费、改良和创新本身就是与人员和项目的移动相适应的商业活动。所以，这将是一个很好的研究模型，用于考察“一带一路”倡议将会给 100 个参与国和一半的世界人口带来什么。

通过对“一带一路”倡议文献的回顾，现有研究存在的两个问题也显露出来。目前的研究侧重于地缘政治经济和对“一带一路”倡议影响的预测。后一点并不奇怪，因为“一带一路”倡议提出时间还不到 10 年，仍在发展中。正如前文所论述的，比起基础设施、能源项目和贸易活动的项目来说，“一带一路”影响下的文化启示需要更长的时间才能显现。就“一带一路”的文化交流提出深思熟虑的研究建议正当其时。本文通过对茶餐厅的研究来启发今后其他类似的文化研究。在未来的几年、几十年里，随着人员、项目、商业等因素的流动进一步发展，我们可以合理地设想沿线国家的文化是如何相互影响的。

未来的研究议题和方向留给社会科学界想象，由社会学想象创造，正如新的流动性范式所提出的，这需要跨学科、多学科的理论方法和混合的方法论进行探索。然而，食物和美食并不是唯一值得所有研究关注的文化组成部分。这里有几个建议：由于丝绸之路的路线并不是新的，研究人员可以清楚地阐明沿线将带来哪些新发展，无论是新出现的东西，还是会继续协同作用的东西，例如茶餐厅的实践。研究人员可以研究任何一种饮食文化从发源地到其他地方的输出和"变异"是在什么条件下进行的。未来的研究可以关注以下问题：比如饮食文化的流动性是不是各种怀旧行为的产物（Jacobsen，2020b）？在这种怀旧行为中，人们是仅仅通过食物来寻求安慰，还是积极主动地创新从而扩大他们的文化。流动性理论视角下，这一点可以拓展到饮食文化和喜好之外的研究方向，比如地方认同、文化认同等。简而言之，研究主题可以是日常生活中的任何经验。

此外，文化交流有助于建立起地方和人民之间的桥梁。然而，历史事实是：文化交流也带来了冲突，例如在世界其他地方尤其是在印度，麦当劳由于文化和宗教敏感性而造成了冲突。新的流动性范式表明，学者们不仅要关注流动性，还要关注不动性。简单来说，就是实证研究将表明什么是有效的，什么是无效的，在这种情况下，理解、同情、宽容和尊重可以得到培养和发展。这实际上就是"一带一路"倡议的核心支柱之一。正如"一带一路"倡议所提出的（Shang，2019：2），其目的就是为了和平、发展、改革和文明。

The Potential of Cultural Exchange under the Belt Road Initiative: A Case Study of Hong Kong Style Café (Cha Chaan Teng)

Ho Hon Leung, Raymond Lau

(Trans: Fan Jiali, Tang Dan)

Abstract: The propose of this paper is to generate a research agenda on exploring the possible prospects of cultural exchanges in the context of trade routes along the Belt and Road Initiative by using *cha chaan teng* (茶餐厅), or Hong Kong style café, which has been a "by-product" of inter-cultural experiences in the 1950s in Hong Kong. Thus, the theoretical framework used for researching *Cha Chaan Teng*, and constructing the research agenda are informed with the concepts of food, culture, and mobilities. Ethnographic in-depth interviews, systematic participant observation of cafes, content analysis of selected *cha chaan teng* websites were used to gain understanding of this cultural practice. Drawn on the past development of *cha cha cheng*, this paper suggests that Belt and Road Initiative can be seen as one of the many trade initiatives at the current time, and food consumption, adaptation, and invention along the routes are businesses which go along well with the movements of people and projects. It is reasonable to expect intriguing business opportunities and products through cultural exchanges, something similar to the development of *cha chaan teng* started in the past in Hong Kong. The research agenda advocate inter-and multidisciplinary theoretical approach and mixed methodologies to explore what new developments will be brought along the routes either something that will emerge as new, or something that will continue to syn-ergize from the past practices. Hopefully, empirical findings will direct toward a culturally sensitive interaction, in which understanding, compassion, tolerance, and respect can be nurtured and developed.

Key Words: *Cha Chann Teng* (Hong Kong style café), One Belt and One Road Initiative, Mobilities, Diaspora, Cultural exchange

参考文献

［1］ Aoyama, Rumi, One Belt, One Road: China's new global strategy, *Journal of Contemporary East Asia Studies*, 2016, 5 (2).

［2］ Appadurai, Arjun, *Modernity At Large: Cultural Dimensions of Globalization*, University of Minnesota Press, 1996.

［3］ Aquil, Saira and Shoaib, Muhammad, China's rise in the international System: A Natural Reality, *FWU Journal of Social Sciences*, 2017, 11 (2).

［4］ Belt and Road, *Arts and Culture*, http://onebeltoneroad.com/en/intro/arts-and-culture, 2020-08-20.

［5］ Chan, Selina Ching, Tea Cafes and the Hong Kong Identity: Food Culture and Hybridity, *China Information*, 2018, 33 (3).

［6］ Clifford, James, On Collecting Art and Culture. In Simon During ed., *The Cultural Studies* (pp. 57-76), Routledge, 1993.

［7］ Counihan, Carole, Van Esterik, Penny and Julier, Alice, *Food and Culture: A Reader* (4th edition), Routledge, 2019.

［8］ Dellios, Rosita, Silk Roads of the Twenty-first Century: The Cultural

Dimension, *Asia & the Pacific Policy Studies*, 2017, 4 (2) .

[9] Du, Michael M. , China's "One Belt, One Road" Initiative: Context, Focus, Institutions, and Implications, *The Chinese Journal of Global Governance*, 2016, 2 (1) .

[10] ESCAP, China's "One Belt, One Road" Initiative: An ESCAP Report, *Population and Development Review*, 2017, 43 (3) .

[11] Favell, Adrian, Migration, Mobility and Globaloney: Metaphors and Rhetoric in the Sociology of Globalization, *Global Networks*, 2001, 1 (4) .

[12] Ferdinand, Peter, Westward Ho-the China Dream and "One Belt, One Road": Chinese Foreign Policy Under Xi Jinping, *International Affairs*, 2016, 92 (4) .

[13] Guluzian, Christine R. , Making Inroads: China's New Silk Road Initiative, *Cato Journal*, 2017, 37 (1) .

[14] Hart-Landsberg, Martin, *A Critical Look at China's One Beelt One Road Initiative*, https://www.cadtm.org/A-critical-look-at-China-s-One-Belt-One-Road-initiative, 2018-10-10.

[15] 《港室八点钟》, https://www.facebook.com/hongkong8am/photos/a.1898933040394750/1958576304430423/? type=3&theater, 2017-10-19.

[16] Jacobsen, Michael Hvidd, In Times of Nostalgia: The Brave new World of a Grand Old Emotion. In M. H. Jacobsen ed. , *Nostalgia Now: Cross-Disciplinary Perspectives on the Past in the Present* (pp. 1-28), Routledge, 2020b.

[17] Lee, Liane Wai Ying, Leung, Tak-Yan and Sharma, Plyush, Exploring Hong Kong's role as a strategic partner for "Belt and Road" Countries-closing the cultural gap. In E. Chan and A. Gunasekaran eds. , *Belt and Road Initiative-Collaboration for Success. Textile Science and Clothing Technology* (pp. 63-75), Springer, 2020.

[18] Leung, Hong Fuk, *Goodbye Old Bing Sutt* (再会旧冰室), Chung Hwa Book Co (HK) Ltd, 2016.

[19] Lewellen, Ted, *The Anthropology of Globalization Cultural Anthropology Enters the 21st Century*, ABC-CLIO, 2002.

［20］ Xing, Li, China's pursuit of the "One Belt One Road" Initiative: A new World Order with Chinese Characteristics? In Li. Xing ed., *Mapping China's "One Belt One Road" Initiative.*, International Political Economy Series, 2019.

［21］ Lin, En-Ying, Starbucks as the Third Place: Glimpses into Taiwan's Consumer Culture and Lifestyles, *Journal of International Consumer Marketing: Cross-Cultural/National Issues in Consumer Behavior*, 2012, 24 (1-2).

［22］ Lin, Ru Zhen, Opened only 8 Branches in Shenzhen over 17 Years, How does this Cha Chaan Teng Stay in Business with Ease? Red Dining network.（林如珍：《坚守深圳 17 年仅开 8 家店，这家港式茶餐厅为啥那么淡定?》，红餐网，2006 年 1 月 6 日）, http://dy.163.com/v2/article/detail/F25TFSVN05228QIT.html.

［23］ Lin, Shaun, Sidaway, James, and Woon, Chih Yuan, Reordering China, Respacing the World: Belt and Road Initiative as an Emergent Geopolitical Culture, *The Professional Geographer*, 2019, 71 (3).

［24］ Liu, Chengcheng, A Reflective Study on Intercultural Transmission and Appreciation among Silk Road Countries, *Journal of Language Teaching and Research*, 2019, 10 (1).

［25］ Lo, Patrick, Eating Metropolis: An Analysis of the Cultural Hybridity and Local Identity Behind the Hong Kong-Style Tea café, Cha Chaan Ting（茶餐厅）, *The International Journal of the Humanities: Annual Review*, 2008, 6 (4).

［26］ Jean-Claude, Maswana, Colonial Patterns in the Growing Africa and China Interaction: Dependency and Trade Intensity Perspectives, *The Journal of Pan African Studies (Online)*, 2015, 8 (7).

［27］ Nederveen Pieterse, J., Globalization and Culture, Rowman & Littlefield, 2004.

［28］ Ngan Lung Catering Limited, In O'Loughlin Marina ed., *Hong Kong People's Canteen: Cha Chaan Teng*, Wan Li Book Company Limited, "Cha Chaan Teng, London WC2: 'This is frankenfood' Restaurant Review". The Guardian, https://www.theguardian.com/lifeandstyle/2016/sep/09/cha-chaan-teng-london-wc2-restaurant-review-marina-oloughlin, 2016-09-09.

［29］ Anthony, Reid and Alilunas-Rodgers, Kristine, *Sojourners and Settlers:*

Histories of Southeast Asia and the Chinese, University of Hawaiʻi Press, 2001.

[30] Richmond Court Restaurant (n. d.), http://www.richmondcourtrestaurant.com/.

[31] Shang, Huping, *The Belt and Road Initiative: Key Concepts*, Peking University Press and Springer, 2019.

[32] Sheller, Mimi, The new mobilities paradigm for a Live Sociology, *Current Sociology*, 2014, 62 (6).

[33] Sheller, Mimi and Urry, John, The new Mobilities Paradigm, *Environment and Plan ning A*, 2006, 38 (2).

[34] Sidaway, James D. and Woon, Chih Yuan, Chinese Narratives on "One Belt, One Road" in Geopolitical and Imperial Contexts, *Professional Geographer*, 2017, 69 (4).

[35] Siddiqui, Kalim, One Belt and One Road, China's Massive Infrastructure Project to Boost Trade and Economy: An Overview, *International Critical Thought*, 2019, 9 (2).

[36] Summers, Tim, China's "New Silk Roads": Subnational Regions and Networks of Global Political Economy, *Third World Quarterly*, 2016, 37 (9).

[37] Thompson, Andrew, *Who is Free Trade Really For in Latin America?*, 2019.

[38] Tran, David, Restaurant Review: Cha Chaan Teng (London, UK), *Resonate: Global Voices on East Asia issues*, https://www.weareresonate.com/2016/09/restaurant-review-cha-chaan-teng-london-uk/, 2016.

[39] Vάzquez-Medina, Jose and Medina, F. Xavier, Migration, Nostalgia and the Building of a Food Imaginary: Mexican Migrants at "La Pulga" Market in San Joaquin Valley, California, *ESSACHESS*, *Journal for Communication Studies*, 2015, 8 (2).

[40] Volkin, Samuel, *How has COVID-19 Impacted Supply Chains around the World?*, 2020.

[41] 魏妤庭：《专题报道在地人推荐！澳门3家必吃的"茶餐厅大公开"》，联合新闻网，https://udn.com/news/story/7173/2971945，2018－02－07.

[42] Xie, Mengjun, Can Cultural Affinity Promote Trade? HSK Test Data from

the Belt and Road countries, *China & World Economy*, 2018, 26 (3) .

[43] Yagci, Mustafa, Rethinking Soft Power in Light of China's Belt and Road Initiative/Cin, in Kusak Ve Yol Girisimi Isiginda Yumusak Gucu Yeniden Dusunmek. (Essay), *Uluslararasi Iliskiler /International Relations*, 2018, 15 (57) .

[44] Zhou, Min, Multidimensionality and Gravity in Global Trade, 1950 – 2000, *Social Forces*, 2010, 88 (4) .

孔子学院在中泰关系中的软实力呈现*

周　英**

【摘　要】建设孔子学院推广汉语和中国文化是中国政府提升国家文化软实力的重要举措，随着“一带一路”国际合作倡议的提出与实施，孔子学院也加快在沿线国家的建设步伐，其发展和运营在泰国取得的成效颇为显著。本文通过实地考察，发现孔子学院所推广的汉语教学与文化活动与泰国的国家发展战略与社会需求紧密结合，尤其是孔子学院在推进“一带一路”倡议方面做了大量的努力，成为促进中泰两国全方位、系统性联系的综合平台，在一定程度上获得了泰国王室、政府和当地企业的支持。从这个意义上说，它也是泰国政府和王室巩固中泰关系的一种软实力。然而，在当地社会，虽然有支持汉语和中国文化项目的声音，但泰国社会对孔子学院及其代表的中国软实力有所取舍，并对中国软实力的影响提出了质疑。

【关键词】孔子学院；软实力；一带一路；中泰关系

---

* 本文为2022年教育部中外语言交流合作中心项目“中日语言传播机构的东南亚实践”（项目编号：22YH100C）的阶段性成果。本文在英文版论文基础上有较大改动，原英文论文为：“Confucius Institute in the Sino-Thai Relations: A display of China's soft power”, *Asian Journal of Social Sciences*, 2021 (49), pp. 234 – 243.

** 作者简介：周英，华南师范大学马克思主义学院副教授。研究领域为公共外交理论与实践、国际关系、区域国别问题。

一、引言

中国于2004年启动的孔子学院和孔子课堂项目是中国政府提升软实力的重要举措，孔子学院是由教育部事业单位——国家汉办领导，在海外推广汉语和中国文化的机构。随着“一带一路”国际合作倡议的实施，中国也在加快孔子学院在沿线地区，尤其是在东南亚国家建设的步伐，其中，泰国孔子学院的建设与发展颇有成效。截至2021年底，泰国是该地区建设孔子学院最多的国家，也是全球学习汉语人数最多的国家，泰国不仅将孔子学院建在其最负盛名的公立大学，还推出了全球首个以“一带一路”倡议命名的孔子学院——“海上丝绸之路孔子学院”。泰国政府积极推动孔子学院在泰落地，以兑现对中泰建设“全面战略合作伙伴关系”的承诺。就孔子学院的运营而言，比起其他国家，泰国孔子学院在注册学生、汉语水平考试人数、汉语教师培训以及各种汉语课程和中国文化活动等方面的效果也最为突出（吴才天子，2018）。① 这在一定程度上表明：比起东南亚其他国家，泰国更愿意接受中国的“软实力”倡议。早在20世纪，泰国的政治精英们认为学习汉语会对泰国国民的身份认同产生冲击，因此关闭了当地的汉语学校、缩减了在校汉语课时长。② 而21世纪初以来，泰国政府却对由中国政府资助的孔子学院采用更为实用和积极的态度，对学习汉语呈现出与20世纪截然不同的态度，这就使得泰国孔子学院成为关注中国软实力的典型案例。

现有研究在软实力框架下对孔子学院进行了广泛讨论，绝大多数西方学者认为孔子学院不能实现提升中国软实力的目标。在微观层面，孔子学院的软实力受制于其在行政、财务、管理上的操作性问题。③ 在宏观层面上，中国不均衡的软实力资源、国内政治制度、意识形态因素以及近些年的“强势外交”给中国文

① 吴才天子：《基于数据库的东南亚孔子学院比较与评估研究》，中央民族大学博士学位论文，2018年。

② Bao Jiemin, “Nationalism and Soft Power Games: Chinese language programs in Thailand”, *Journal of Chinese Overseas*, 2017, 1 (13), pp. 3－30.

③ Hartig Falk, “Confucius Institutes and the Rise of China”, *Journal of Chinese Political Science*, 2012 (17), pp. 53－76; Lahtinen Anja, “China's Soft Power: Challenges of Confucianism and Confucius Institutes”, *Journal of Comparative Asian Development*, 2012, 2 (14), pp. 200－226; Hughes Christopher R, “Confucius Institutes and the University: Distinguish the Political Mission from the Cultural”, *Issues & Studies*, 4 (50), pp. 45－83.

化的海外吸引力蒙上了一层阴影。① 这些研究主要从传统权力的视角即以施动者为中心来评判孔子学院在提升中国软实力中的作用，因此强调施动者（中国）因素对软实力的制约作用。然而，软实力与传统权力的区别在于其“双向性”和“情景性”。② 软实力的效用取决于自发的解读者和接受者，是接受者与施动者之间的双向互动过程，且二者之间的关系情景也发挥关键作用。③ 然而这些因素在既有研究中缺乏充分讨论和实例论证，导致学界对孔子学院和中国软实力的评价存有较大分歧或争议。

本文旨在弥补既有研究的缺陷，充分考虑双向视角与情境因素以检视孔子学院在泰国的软实力效应。本文关照的问题是：为何泰国会接受中国的“软实力”倡议？中国如何通过孔子学院在泰国推广软实力？泰国社会又如何反馈？这对中泰关系意味着什么？为回答以上问题，本文选取中央民族大学“全球孔子学院数据库”的泰国国别数据，对2006年至2017年期间泰国孔子学院举办的语言文化活动进行分类和内容分析，结合笔者在2019年3月期间访问泰国曼谷的六所孔子学院，与院长、志愿者、汉语教师、学生以及相关学者进行的访谈作为一手材料。此外，本文还使用包括官方文件、政府出版物、年度报告和学术报告作为二手材料。本文认为孔子学院及其所代表的中国软实力能够在泰国进展顺利，主要是中泰关系情景在发挥作用，且孔子学院在推进“一带一路”倡议以及对接泰国发展战略方面做了大量的努力，故而获得泰国方面的支持，当然这种支持背后也存在隐忧。下文首先介绍软实力概念及其在国际关系中的应用，之后介绍“一带一路”背景下中国政府的软实力政策，然后考察中泰关系中的孔子学院以及影响孔子学院在泰国发展的因素，接着讨论泰国孔子学院的运作特点以及当地对孔

---

① Lo Joe-Tin and Pan Suyan, “Confucius Institutes and China's Soft Power: Practices and paradoxes”, *Compare: A Journal of Comparative and International Education*, 4 (46), pp. 512 – 532; Brady Anne. Marie, *Marketing Dictatorship*, Roman & Littlefield, 2008; Chey Jocelyn, “Chinese Soft Power: cultural diplomacy and the Confucius institutes”, *The Sydney Papers*, 2008, 20 (1), pp. 32 – 46; Edney Kingsley, “Soft power and Chinese Propaganda System”, *Journal of Contemporary China*, 2012, 78 (21), pp. 899 – 914; Paradise James F, “China and International Harmony: The Role of Confucius Institutes in Bolstering Beijing's Soft Power”, *Asian Survey*, 2009, 4 (49), pp. 647 – 669; Gill Bates and Huang Yanzhong, “Sources and Limits of Chinese soft power”, *Survival*, 2006, 48 (2), pp. 17 – 36.

② Hendrik W. Ohnesorge, *Soft Power: The Forces of Attraction in International Relations*, Springer, 2020, p. 72.

③ Lee Min – Gyu and Hao Yufan, “China's Unsuccessful Charm Offensive: How South Koreans have Viewed the Rise of China over the Past Decade”, *Journal of Contemporary China*, 2018, 27 (114), pp. 867 – 886.

子学院的态度和反应，最后是结论。

二、软实力及其在国际关系中的应用

“权力”是国际关系中的核心概念，是指“行为者通过军事力量或经济实力来行使控制或影响他人和事件结果的能力”①。实际上，行为者还可利用其他实力资源和方式来实现既定目标。约瑟夫·奈因此提出“软实力”的概念，即“一个国家通过吸引而非强迫或收买的手段来达己所愿的能力”②。它主要源自一国的文化（对他人产生吸引力之时）、政治价值观（被用于国内外政治实践之时）和外交政策（被认为具有合法性和道德权威之时）。奈认为，一个国家的无形资源能够构成权力形式，甚至可以替代军事、经济等硬实力。除了上述资源，奈还列举了其他软实力要素，如教育、媒体、传统、语言等。奈最初遵循的是“基于资源的权力路径”，即将一国的软实力看作是国家所拥有的资产和属性，认为包含在某些属性中的无形资源具有内在的吸引力，并引起受众的服从。事实上，软实力资源不能自动转化为理想的结果，也并不总是产生吸引力，在某些情况下还会招致排斥。软实力是否成为真正的权力，取决于行动者将资源转化为预期结果的能力和手段。③

借用奈的概念，有学者从“基于行为的权力路径”定义软实力，认为软实力是指“‘软性’使用权力来增强一个国家的吸引力和说服力”。④ 在这一视角下，软实力本质上与资源属性无关，因此也很容易与军事、经济等硬实力资源混淆。例如，一国利用经济资源实施对外援助，通过债务减免等发展对外关系；又如一国参与军事、安全等国际机构，参与联合国维和等均被视为软实力。⑤ 但事实并非如此，同样的权力行为对不同的受众而言可能导致不同的反应。正如中国

---

① Michael Barnett and Raymond Duvall, “Power in International Politics”, *International Organization*, 2005 (59), pp. 39 –75.

② Joseph S. Nye, *Bound to Lead: The Changing Nature of American Power*, Basic Books, 1990; Joseph S. Nye, “The Decline of America's Soft Power: Why Washington Should Worry”, *Foreign Affairs*, 2004, 83 (3), pp. 16 –20.

③ Joseph S. Nye, “Notes for a Soft Power Research Agenda”, in F. Berenskoetter and M. Williams ed., *Power in World Politics*, Routledge, 2007, pp. 162 –172.

④ Li Mingjiang ed., *Soft Power: China's Emerging Strategy in International Politics*, Lexington Books, 2007, p. 7.

⑤ Kurlantzick Joshua, *Charm Offensive: How China's Soft Power is Transforming the World?* Yale University Press, 2007; Joseph S. Nye, *Soft Power: The Means to Success in World Politics*, Public Affairs, 2005, p. 5.

的周边外交政策在周边国家引起的反应不同，这是因为它们是不同的接受者，它们与中国的关系情景也不同。

以上观点在解释软实力时，采用了以权力主体为中心的定义，软实力的运作被看作是由施动者控制的过程。根据该视角，既有研究在观察中国软实力时强调制约软实力的各种中国因素。虽然这些对理解中国软实力亦有启发性，但使用基于权力施动者的观点无法呈现问题的全貌，忽视了受众和关系情景因素对软实力的影响。一些分析家以及奈在其后续著述中也指出，吸引力是软实力的核心，是由受众决定，它更加依赖自发的解释者和接受者，软实力的效果在很大程度上取决于受众的接受程度。① 这也凸显了软实力的运用与硬实力不同。硬实力完全取决于施动者，是单向度的，一个国家可以通过压倒性的军事力量或经济制裁来操纵他人；然而，软实力的投射主体和受众在软实力的运行中发挥着同等重要的作用，二者之间具有互惠性，它是一个由权力主体和受众互动的双向过程。② 因此，软实力既可以从行为者的角度定义，也可以从受众的角度定义，后者是指受众主动接受、选择甚至抵制的能力。③ 受众可以通过软实力来维护自身利益，受众是否接受一个国家的政策取决于这些政策在多大程度上迎合其自身利益。④ 除此以外，与硬实力不同，软实力不是孤立地发挥作用，而是与一定的关系情境相互依存。软实力是一个社会建构过程，主体和受众之间的社会关系背景，如历史经验、相互依存、国家形象、相互认知等情景因素共同发挥作用。⑤

三、"一带一路"倡议背景下的中国软实力和孔子学院

"冷战"之后，随着"中国威胁论"在周边国家和地区蔓延，中国领导层意

---

① Joseph S. Nye, *Soft Power: The Means to Success in World Politics*, Public Affairs, 2005; Blanchard F. Jean-Marc and Lu Fujia, "Thinking Hard of Soft Power: A Review and Critique of Literature on China and Soft Power", *Asian Perspective*, 2012 (36), pp. 565 – 589; Bially Mattern Janice, "Why 'Soft Power' isn't So Soft: Representational Force and the Sociolinguistic construction of Attraction in World Politics", *Journal of International Studies*, 2005, 3 (33), pp. 583 – 613.

② Joseph S. Nye, *The Future of Power*, Public Affairs, 2011, p. 92.

③ Fijałkowski Łukasz, "China's Soft Power in Africa?", *Journal of Contemporary Africa Studies*, 2011, 2 (29), pp. 223 – 232.

④ Bao Jiemin, "Nationalism and Soft Power Games: Chinese language programs in Thailand", *Journal of Chinese Overseas*, 2017, 1 (13), p. 15.

⑤ Sun Jing, *Japan and China as Charm Rivals: Soft Power in Regional Diplomacy*, The University of Michigan Press, 2012.

识到，一国的软实力与良好的国家形象对营造和平稳定的周边环境至关重要，因此，提出了“和平发展”和“和谐世界”的理念，这些理念也成为中国软实力的理论依据与实践指导。与奈所界定的软实力不同，中国政策界与学术界将文化视为软实力的核心。① 这一方面是因为，中国的一些战略家热衷于对综合国力进行分类，他们通常将文化归为“无形的”“软性的”和“非军事的”实力资源。② 另一方面，一部分学者认为由于中国文化对世界具有普遍的吸引力，将其视为软实力关键资源更具优势。③ 在这一思路下，中国的软实力实践以文化推广为重点，而建立孔子学院推广汉语和中国文化是最显著的例子之一，其目的是增强国际社会对中国文化的理解，并最终获得对中国外交政策的支持。④ 中国决策者相信，“如果外国人更深入了解中国文化，他们会对中国产生好感并支持其政策”⑤。

东南亚是中国软实力实践最丰富、最深厚的地区。20 世纪 90 年代，在“睦邻外交”政策下，中国与该地区建立了良好的经济、安全关系。21 世纪以来，中国领导层试图与该地区建立更加紧密的，涵盖经济、文化、政治在内的战略伙伴关系网络。⑥ 正如习近平在首次高规格的中央周边外交会议上指出：“中国旨在全面加强与邻国的关系，构建周边命运共同体。”⑦ 随着由“丝绸之路经济带”和“21 世纪海上丝绸之路”倡议组成的“一带一路”倡议成为中国的总体发展规划，实现与沿线国家的“五通”（政策沟通、设施联通、贸易畅通、资金融通和民心相通）成为中国对外交往的重要内容。“一带一路”倡议与中国的软实力

---

① Wuthnow Joel, “The concept of soft power in China's strategic discourse”, *Issues & Studies*, 2008, 44 (2), pp. 1 – 28.

② 胡鞍钢、门洪华：《中美日俄印有形战略资源比较：兼论旨在“富民强国”的中国大战略》，《战略与管理》2002 年第 2 期；黄硕风：《大国较量：世界主要国家综合国力比较》，世界知识出版社，2006 年。

③ Gill Bates and Huang Yanzhong, “Sources and Limits of Chinese soft power”, *Survival*, 2006, 48 (2), pp. 17 – 36.

④ Ding Sheng, “Analyzing Rising Power from the Perspective of Soft Power: A New Look at China's Rise to the Status Quo Power”, *Journal of Contemporary China*, 2010, 19 (64) pp. 255 – 272; Chu Yunhan, Liu Kang and Huang Minhua, “How East Asians View the Rise of China”, *Journal of Contemporary China*, 2015, 24 (93) pp. 398 – 420.

⑤ Starr Don, “Chinese Language Education in Europe: the Confucius institutes”, *European Journal of Education*, 2009, 44 (1), pp. 65 – 82.

⑥ Callahan A Willian, “China's Asia Dream: Belt and Road Initiative and the New Regional Order”, *Asian Journal of Comparative Politics*, 2016, 1 (3), pp. 226 – 243.

⑦ 《习近平在周边外交会议上发表重要讲话》，新华网，http://www.xinhuanet.com//politics/2013 – 10/25/c_117878897.htm，2013 年 10 月 25 日。

相互交织并相互嵌入，两者在内容、目的上均有重叠之处。“一带一路”的实施有利于中国软实力向沿线国家辐射，而中国软实力的提升同样有利于“一带一路”理念的具体实施。① 在这一倡议背景下，中国政府也将继续重视软实力，推进孔子学院的发展，正如习近平在孔子学院建立十周年之际宣示：“中国政府和人民将一如既往支持孔子学院的发展”②，这也意味着孔子学院的运作将更具针对性和指向性。孔子学院不仅为世界提供了接触和实践中国文化、哲学的机会，而且为与“一带一路”沿线国家建立系统联系提供了平台。

在东南亚地区，建立孔子学院已经被纳入该地区与中国的双边与多边合作框架之中。在区域层面，中国与东盟于 2003 年签署《中国—东盟面向和平与繁荣的战略伙伴关系联合宣言》，意图开展广泛而深入的教育文化合作。③ 在双边层面上，中国与大多数的东南亚国家达成双边协议，建设孔子学院都包含在这些协议之中。截至 2020 年底，中国在东南亚十国共建成 59 所孔子学院和课堂。就数量、规模、规格以及运营而言，泰国是孔子学院最受欢迎的国家，这是因为泰国在中国周边外交中具有“示范、引领作用”。④ 泰国曾经多次充当中国和东南亚合作倡议的先锋，中泰关系走在中国—东盟关系的前列。现在，中国也需要泰国在其“魅力攻势”中继续发挥先导和促进作用。

四、中泰关系情景中的孔子学院

中泰之间有着悠久的历史友谊，自 1975 年建交以来，两国就在多个领域开展了广泛合作。⑤ 泰国精英与中国高层始终保持着良好的关系，玛哈·扎克里·诗琳通公主被中国授予“友谊勋章”的荣誉和最重要的国际友人，这也是中国政府对泰国王室为促进中泰友好所做贡献的认可。中泰领导层也通常用“中泰一

---

① 胡键：《“一带一路”与中国软实力的提升》，《社会科学》2020 年第 1 期。

② 《习近平：孔子学院属于中国，也属于世界》，新华网，http：//www.xinhuanet.com/politics/2014－09/27/c_1112652079.htm，2014 年 9 月 27 日。

③ Shuto Motoko，“Patterns and Views of China's Public Diplomacy in ASEAN Countries：Focusing on Confucius Institutes”，*Journal of Contemporary East Asia Studies*，2018，2（7），pp. 124－148.

④ 《李克强与英拉会谈：发挥中泰关系的示范和引领作用》，中国政府网，http：//www.gov.cn/ldhd/2013－10/12/content_2504916.htm，2013 年 10 月 12 日。

⑤ Chambers Michael R，“The Chinese and the Thais are Brothers：The Evolution of the Sino-Thai friendship”，*Journal of Contemporary China*，2005，14（45），pp. 599－629.

家亲”来形容两国历史深厚的友谊。① 这些历史积累为随后两国关系的稳定发展奠定了良好的基础。他信 - 西那瓦塔和他妹妹英拉 - 西那瓦塔领导下的泰国政府与中国在政治、安全、经济、科学和社会方面建立了密切联系。② 2014 年泰国军政府上台之后，由于国内政治因素给泰国与美国的关系产生一些冲击，进而促使泰国政府更积极地争取中国的支持。③ 泰国总理巴育宣称，泰国致力于促进与中国的良好关系，加快建设中泰“全面战略合作关系”，④ 两国的“软实力”关系也自然被纳入其中。

在战略层面，泰国领导层已经明确表示将泰国的国家发展战略连上中国经济的快车道。泰国内阁为振兴国内经济制定了“泰国 4.0”的发展战略，拟在二十年之内将经济发展提升到一个基于高附加值的阶段，发展国内基础设施，将泰国建成东南亚地区的制造、物流和培训中心。⑤ 东部经济走廊（EEC）是其中的旗舰项目，这是一个由曼谷附近的罗勇府、春武里府和北柳府组成的工业开发区，包含港口和铁路等大量的基础设施项目（图 1）。目前，泰国政府和私营企业虽已建成部分必要的基础设施，但同时也很关注经济走廊吸引外部投资尤其是中国企业投资的能力。这是因为早在 2006 年，中国政府就认定位于罗勇府的罗勇工业园为首批“境外经济贸易合作区”，从而吸引大量中资企业投资园区，这也给中国企业投资泰国东部经济走廊带来一定的机遇。此外，中国提出的“海上丝绸之路”和基础设施建设计划与泰国东部经济走廊具有较大的合作潜力。巴育政府表示，泰国愿意参与中国“一带一路”来推动区域的互联互通，也希望中国企业能够参与泰国的 EEC 项目。孔子学院在泰国落地之初，泰国政府仅强调孔子学院对加强两国教育文化交流的作用；而现在，泰国决策者已将其作用提升至服务国家发展战略，寻求孔子学院的参与，他们希望孔子学院能增强泰国对中国

---

① Kornphanat Tungkeunkunt and Kanya Phuphakdi, “Blood Is Thicker Than Water: A History of the Diplomatic Discourse ‘China and Thailand Are Brothers’”, *Asian Perspective*, 2018 (42), pp. 597 - 621.

② Welsh Bridget and Chang Alex, “Choosing China: public perceptions of ‘China as a Model’”, *Journal of Contemporary China*, 2015, 93 (24), pp. 442 - 456.

③ Han Enze, “Under the Shadow of China - US Competition: Myanmar and Thailand's Alignment Choices”, *The Chinese Journal of International Politics*, 2018, 1 (11), pp. 81 - 104.

④ 《泰国巴育政府及其对华关系》，人民网，http://world.people.com.cn/n/2015/0409/c1002 - 26821169.html。

⑤ “China and Thailand Move toward Bright Future”, Ministry of Foreign Affairs of Thailand, http://www.en.moe.go.th/enMoe2017/index.php/articles/50 - china-thailand-move-toward-bright-future-together.

“一带一路”的理解。①

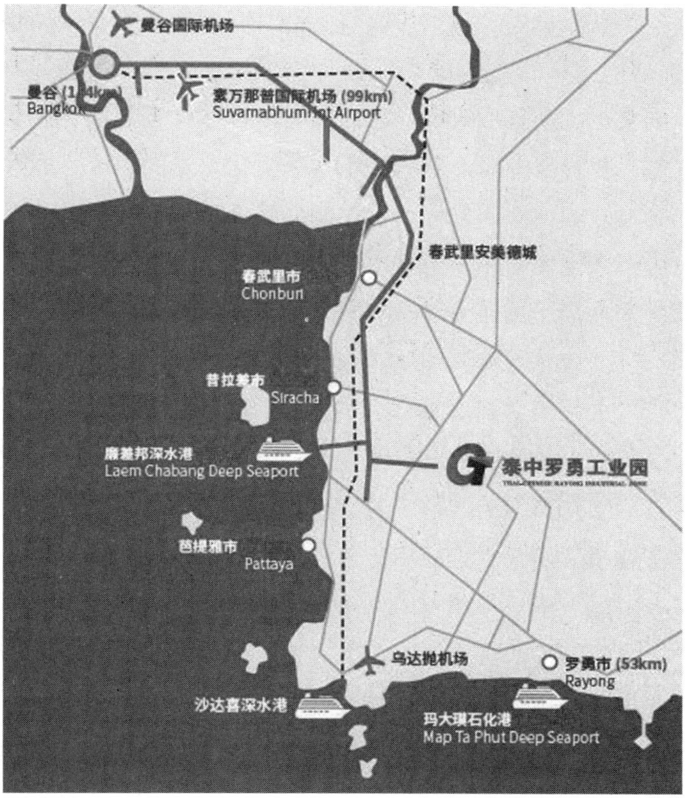

图 1　泰国东部经济走廊与泰中罗勇工业园

来源：http：//www. sinothaizone. com.

在经济层面，中国已经成为泰国的第二大贸易伙伴，最大的出口国和第二大进口来源国，两国之间的贸易额从 2004 年到 2019 年增长了 627 亿美元。在中泰两国政府的大力支持下，泰中罗勇工业园更是吸引了大批中国企业到泰国投资。目前，中国已经成为泰国第三大投资国，投资额从 2006 年的 1 580 万美元增加到 2018 年的 7. 373 亿美元。“一带一路”倡议提出之后，中国对泰国的投资在 2014 年曾创下 8. 394 亿美元的历史新高，仅 2018 年，泰国就接受了来自中国的 131

① “The Strategic Engagement of Confucius Institutes in Thailand under Thai’s 4. 0”, Mae Fah Luange University, https：//en. mfu. ac. th/en-news/en-news-detail/detail/News/1577. html.

个项目。[①] 中国在泰国投资的增加加大了对具有汉语技能的泰国工人的需求。泰国企业认识到，缺乏对中国的深入、全面的了解会影响企业的竞争力。[②] 正如泰国官员所言："中国是一个经济大国，汉语也越来越重要，泰国如果选择回避，将失去发展的机会。"[③]

此外，中泰在文化领域形成了广泛而紧密的合作。近几年，中泰签署的几份双边文件屡次提出要加强在对方国家推广本国文化艺术的力度，通过不断扩大民间交往夯实中泰友好的社会基础。两国之间的社会文化交往也日益紧密，从2013年起，中国成为泰国最大的外国游客来源国，为泰国经济做出了重大贡献。泰国旅游部公布的数据显示，2018 年泰国接待约 1 000 万名中国游客，为泰国创收约 1 260 亿元人民币。[④] 两国的留学生规模也在持续增长，2010 年，泰国是中国的第四大外国留学生来源国，到 2017 年，就成为中国第二大留学生来源国，而中国学生也成为泰国最大的外国留学生来源国。[⑤] 在这个背景下，汉语能力对泰国民众和学生而言不仅是必需的沟通工具，也预示着良好的职业前景。[⑥] 且作为亚洲规模最大的海外华人社区，泰国华裔人口占总人口的 15%。[⑦] 在中国崛起的背景下，华侨华人也热衷于学习祖（籍）国语言，以增强与祖（籍）国之间的联系。正是由于良好的关系情景与泰国社会对汉语的现实需求，孔子学院在泰国受到了泰国政府的指导，也有民间的呼应。"建设孔子学院"也屡次被明确写进指导中泰关系最重要的政治文件。泰国高层认为，在中国经济高速发展的背景下，泰国能从与中国在多领域的合作中受益。

---

① 中泰经济与贸易数据，中国商务部，http：//th. mofcom. gov. cn/article/d/201903/20190302844012. shtml。

② "Education Ministry Pushes Chinese Language", The Nation, https：//forum. thaivisa. com/topic/57098-eduction-ministry-pushes-chinese-language/.

③ Kornphanat Tungkeunkunt, "Culture and Commerce：China's Soft Power in Thailand", *International Journal of China Studies*, 2016, 2（7）, pp. 151－173.

④ Tourism Statistics Thailand（2009—2019）, Thaiwebsite, http：//www. thaiwebsites. com/tourism. asp.

⑤ 张锡镇：《泰国政治经济发展与中泰关系》，庄国土等主编：《泰国研究报告》，社会科学文献出版社，2018 年。

⑥ Education Ministry Pushes Chinese Language, The Nation, https：//forum. thaivisa. com/topic/57098－eduction-ministry-pushes-chinese-language/.

⑦ "Guidebook on Foreign Investment in Thailand", Belt and Road Portal, https：//www. yidaiyilu. gov. cn/wcm. files/upload/CMSydylgw/201909/201909110408058. pdf .

五、孔子学院在泰国的建立与运营

孔子学院于2004年启动，是以中外教育机构合作的方式共同建立，外国申办机构须获得国家汉办批准才能建立孔子学院。事实上，国家汉办和中国驻泰国大使馆向泰国教育机构推荐了一份中国大学名单，以推动泰国孔子学院的发展。2005年，中国开始与泰国政府就在泰国教育机构设立汉语教学项目进行协商，次年1月，国家汉办和泰国教育部签署合作框架，计划在泰国建立孔子学院，同年，泰国内阁制定出《促进汉语教学，增强国家竞争力的战略规划（2006—2010)》，确定了培养通晓汉语人才的数量目标及为达到此目标的战略措施。[①] 仅一年时间，就有12所孔子学院和11个孔子课堂在泰国落地。[②] 此后的7年间未见新增，直到2013年中泰两国政府签署《中泰关系发展愿景与规划》。按照规划，双方将在泰继续推动孔子学院和孔子课堂建立。截至目前，泰国共建立16所孔子学院和21个孔子课堂，位居东南亚之首，且分布在泰国的主要城市，其中曼谷就建有6所。孔子学院在2013年后快速增长的另一个重要原因是中国“一带一路”倡议的提出。2015年，在中泰建交40周年之际，由泰国26家机构联合申请建立的全球首个“海上丝绸之路孔子学院”落户泰国最大的私立大学——帕那空皇家大学，它的第一个分支机构也于2017落户博仁大学，这两所以丝路命名的孔子学院为沿线国家孔子学院办学树立了新的典范。

---

① Kornphanat Tungkeunkunt, “Culture and Commerce: China's Soft Power in Thailand”, *International Journal of China Studies*, 2016, 2 (7), pp. 151 – 173.

② “Framework of Cooperation between China National Office for Teaching Chinese as a Foreign Language (Hanban) and the MOE of the Kingdom of Thailand on Cooperation in Chinese Language Training”, Ministry of Education of Thailand, http: //www. bic. moe. go. th/th/images/stories/MOU/framework/th-hanbaneng. pdf/.

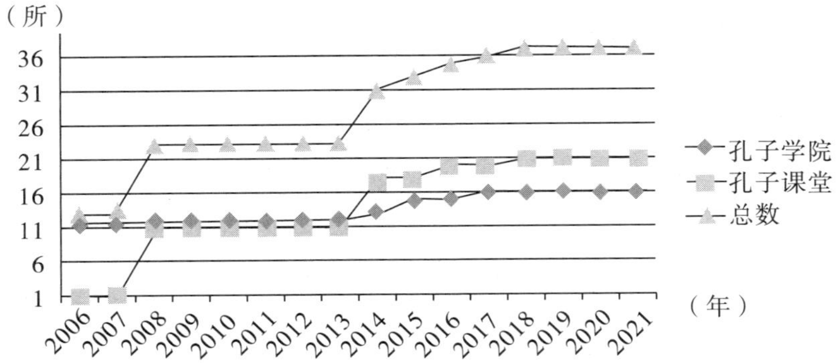

图 2　泰国孔子学院与孔子课堂数量统计

来源：原国家汉办官网。

泰国孔子学院主要由双方教育机构合作建立，泰方院校大多具有一些中国关联，或者是有自己的中文系和中国研究机构，或者是与中国大学有合作基础。所有孔子学院运营都是由中泰双方共同承担，汉办提供启动资金，也会持续提供活动经费和各类语言文化资源支持。泰方合作机构则提供教室等工作场所和文化体验空间，并配备部分师资和管理人员。孔子学院须按照国家汉办制定的章程，提供语言文化服务，包括语言教学、教师培训、提供教学资源、举办汉语水平考试（HSK）、提供中国教育信息和咨询服务，开展中外人文交流活动。但面对千差万别的运营土壤，汉办对海外孔子学院的运营也保持弹性，并积极推进孔子学院的本土化进程。因此，泰国孔子学院彼此之间存在共性，但也存在差异。根据从曼谷六所孔子学院和全球孔子学院数据库泰国国别数据中获取的信息，本文将泰国孔子学院的运行特点归纳如下：

提供汉语教育和中国文化服务。汉语教育和文化项目是泰国多数孔子学院的核心业务，面向不同群体，孔子学院开设不同层次的语言课程和文化课程，且各有侧重，有的侧重商务汉语，有的侧重旅游汉语，还有的侧重组织中国文化活动。泰国孔子学院的文化活动主要推介传统文化，如庆祝中国传统节日、武术表演、古代乐器、中医文化、书法和剪纸、各种传统戏曲等。

汉办非常重视泰国孔子学院汉语教师的作用，他们既是汉语教育的执行者，也是文化活动的组织者，更是提升中国软实力的载体，为此，孔子学院总部启动了“培养泰国汉语教师培训计划”，在十年间为泰国培训了 2 075 位本土汉语教师，截至2019年，中国向其派出的汉语教师志愿者人数累计达到17 169人次，覆盖泰国73个府的1 000多所大中小学院校，[①] 泰国也是中国汉语教师志愿者的启动地，是中国实施汉语教育援助最多的国家之一。相比其他东南亚国家非常之突出，其中，曼松德昭帕亚皇家师范大学孔子学院专注于汉语师资培训以提高他们的语言技能和中国文化知识。同时，汉办也会捐赠大量的教材、书籍和文化设施来支持泰国孔子学院的建设与运营，通过这些载体，泰国民众可以学习了解中国文化及其内含的价值观。孔子学院组织的活动和项目不仅面向在校学生和泰国民众，而且吸引着泰国主流华人社会的参与，泰国孔子学院的顺利发展离不开当地华人的支持。

推动中泰经贸合作。既有研究较少关注孔子学院参与的经贸活动，而这是泰国孔子学院运行的一大特色，也是近些年的重点内容之一。孔子学院的部分项目甚至是为经贸活动量身定做，如商务汉语课程，介绍中国商务礼仪的各类文化讲座，以及与中国企业打交道的技巧。在语言文化活动之外，泰国孔子学院组织了大量的经贸活动、商务谈判、互访交流。泰国企业积极借助孔子学院平台接触中国企业并与之开展合作。例如，孔敬大学孔子学院为当地泰国企业安排中国之旅，并帮助重庆摩托车企业进入泰国市场。勿洞市孔子学院把泰国的官员和来自橡胶、水果、能源、大米等各个行业领域的泰国经贸代表引荐至中国，并促成他们与中国地方政府和企业之间的合作。

海上丝绸之路孔子学院建立之后，积极对接中泰两国发展战略，一方面向泰国宣传介绍“一带一路”倡议，通过“新海上丝绸之路与东南亚”“‘一带一路’倡议、亚洲孔子学院联席会议”“‘一带一路’与大湄公河次区域合作”论坛、大型会议等增进泰国政策者与企业家对这一倡议的理解，创造合作机会，进而促进两国在经贸合作领域的深入交流。另一方面，孔子学院的项目调整转为适应中泰两国发展战略的需求。[②] 为了给泰国的中资企业培养更多汉语人才，海上丝绸之路孔子学院与泰中罗勇工业园的中国投资者达成战略协议，为泰国员工提供汉语培训，也与泰国职业学校签署备忘录，致力于为泰国新兴产业提供合格的人

① 《汉语成为泰国最受欢迎的语言之一》，人民网，http：//world. people. com. cn/n1/2019/0315/c1002 -30978275. html。

② 与孔子学院中方院长的谈话，2019年3月，泰国曼谷。

才。[1] 汉办为发展孔子学院事业所推出的“汉语＋”创新课程在泰国得到充分的展现，为促进泰国东部经济走廊与“一带一路”的对接，孔子学院推出了“汉语＋空乘”“汉语＋高铁驾驶”“汉语＋动车维护”“汉语＋电子信息”“汉语＋酒店管理”“汉语＋国际贸易”“汉语＋国际会计”等“一带一路”特需人才培养计划。课程学员不仅在孔子学院习得汉语，还将赴中国职业技术学校接受为期一到两年的技能培训，成为中泰战略实施所需要的复合型、应用型人才。正是因为孔子学院在泰国发展战略中的参与，泰国政府部门不断拓展与孔子学院的合作关系并将孔子学院嵌入泰国经济特区的建设之中。[2]

促进中泰关系及与东盟关系。作为中国驻外机构，孔子学院的性质为语言文化机构，但也扮演着外交使者的角色，自建立以来就全程参与并积极活跃在中泰关系中，“中泰一家亲”的话语贯穿泰国孔子学院的所有重大活动。泰国孔子学院已经成为中泰高层互动与政府外交的重要平台，中国领导人曾多次到访泰国孔子学院，泰国精英与高层接触和参与孔子学院活动的广度和深度超过了其他任何国家，每一所孔子学院的大型活动都赢得了王室和政府的关注与支持。为增进中泰友谊，孔子学院还积极服务于泰国政府部门，为许多有汉语需求的官员定制汉语课程，有“政府官员高级汉语培训班”“王家秘书处汉语培训班”“议会汉语培训班”“反贪局汉语培训”“移民局中文班”等，这些课程大多或由中方主动联系发起，或受泰国政府部门直接委托开展。[3] 孔子学院负责派遣汉语教师，编写匹配其工作领域的教材，汉办还邀请并资助这些学员赴北京与中国官员进行交流，以提升相关政府部门职员的汉语实际沟通能力。

泰国孔子学院在促进中国—东盟合作的进程中也发挥着积极的联动作用。“立足本地，辐射周边”是中国在全球范围内发展孔子学院的策略，泰国孔子学院因地理上毗邻东南亚国家，通过跨国文化活动或者地区联席会议联动周边国家和区域，形成了以泰国孔子学院为中心的东南亚区域网络，推动孔子学院在东南亚的整体发展。泰国孔敬大学的一位教授指出：“泰国孔子学院的目标是成为东

---

① 与孔子学院中方院长的谈话，2019 年 3 月，泰国曼谷。

② The Strategies Engagement of the Confucius Institutes in Thailand under Thailand 4. 0 Policy, March 18, 2018, Mah Fae Lung University, https：//en. mfu. ac. th/en－news/en－news－detail/detail/News/1577. html.

③ 与孔子学院中方院长的谈话，2019 年 3 月，泰国曼谷。

南亚尤其是湄公河地区的汉语教育和中国文化辐射中心。”①

六、中国软实力的受众——泰国的态度与回应

泰国孔子学院的运营内容与泰国社会、文化活动相结合，植根于泰国国家的发展战略与社会需求，发挥着多重功能，已经成为中泰交往的综合性平台和两国关系中的一个积极因素。正是因为如此，泰国国内上至王室成员和政府高层，下至普通民众，对孔子学院的热情不减。诗琳通公主对孔子学院的关心和积极参与激发了泰国民众的汉语学习热情，也正是因为公主的影响和鼓励，泰国孔子学院的业务得以从学校扩展到社会、政府甚至王宫。公主的母校朱拉隆功大学由于拥有完备的汉语教育体系和历史悠久的中文系，最初婉拒了设立孔子学院，但因为诗琳通公主的积极协商与推动，孔子学院最终得以建在泰国的最高学府。② 朱拉隆功大学孔子学院成立之后，诗琳通公主先后 12 次视察、出席仪式和讲话，5 次为孔子学院题词，并亲自在学院听讲座、作演讲。她说道：“中文可以把人引导到地球上知识最丰富的国度之一的领地，而越学越能体验到它的广博和深邃。”这也成为泰国政府官员赞赏孔子学院作用时常引用的话。③ 也正是由于政府高层的支持，泰国教育部门在汉语教学政策制定、推进与中国教育部及国家汉办在汉语教学方面积极配合并合作，促使孔子学院高效快捷地在泰国全面铺开。“一带一路”国际合作倡议提出之后，泰国政府更是表现出关切，他们不仅将孔子学院视为促进中泰教育文化合作的重要内容，而且将其等同于一个战略工具和推动中泰开展战略合作的场所。在中泰双方寻求战略对接的背景下，泰国企业更加依赖孔子学院为其培训和推荐懂汉语的人才，谋求与孔子学院开展战略性合作。

孔子学院起初就落户泰国一批著名大学和被誉为“泰国精英摇篮”的中、小学校，这种高规格的发展路径彰显了孔子学院在中泰关系中的软实力。泰国合作大学期望借助孔子学院加强与中国大学的联系，推进高等教育国际化进程。孔子学院也的确给合作大学带来了立竿见影的好处，扩大了这些学校的中国留学生

---

① “The Confucius Institute Celebrates its 10th Anniversary”, Khon Kaen University, https: //m. kku. ac. th/news/content. php? did = N0007339&l = en.

② Shuto Motoko, “Patterns and Views of China's Public Diplomacy in ASEAN Countries: Focusing on Confucius Institutes”, *Journal of Contemporary East Asia Studies*, 2018, 2 (7), pp. 124 – 148.

③ 《中国文化体验中心亮相泰国玛哈沙拉坎大学孔子学院》，中国国务院新闻办公室，http: //www. scio. gov. cn/m/zhzc/35353/35354/Document/1508029/1508029. htm。

规模，也顺应了泰国高等教育委员会对大学建设中文系的要求，深化了两国在高等教育领域的合作。[①] 这也可以解释朱拉隆功大学为何要求与中国顶尖大学结为合作伙伴。当前，在中美关系冲击与百年未有之大变局的国际环境下，孔子学院在西方国家面临前所未有的挑战甚至发展遭遇倒退，而泰国则率先成立全球首个孔子学院（课堂）发展联盟，该联盟是2021年由泰国27家孔子学院及独立孔子课堂自发组织成立的非官方合作组织，旨在促进泰国汉语教学发展、中泰文化交流及中泰友好关系发展，可以说，该联盟的成立是泰国汉语教育事业发展进程中的里程碑，意味着汉语教育在泰国的又一次升级。随着中国经济的快速发展，中泰全面战略伙伴关系的推进，汉语对普通泰国民众而言意味着更多的选择机会。随着两国互动频率的增加，政府官员须提升汉语能力完成本职工作。在校学生在孔子学院的学习经历意味着留学中国的机会与未来的工作前景，掌握汉语能力的泰国学生比缺乏汉语技能的人更有机会入职中国企业，参加过中文课程和职业技术培训项目的学员更有可能在未来的新兴产业中发挥作用。[②]

泰国孔子学院的发展中也包含背离中国软实力的元素或表现。中国政府尝试通过孔子学院传播中国文化，让泰国受众更好地了解中国，从而认同并支持中国的政策，提升软实力。但是，孔子学院所强调和侧重的文化内涵似乎并没有引起泰国民众的共鸣，他们对孔子学院文化活动的热情似乎有违中国对它的期待。相关人士表示，很遗憾的是孔子学院精心准备的校园文化活动不能吸引更多的受众，或者，他们只是来这里“玩”而已。[③] 尽管泰国的在校汉语学习人数已经位居全球首位，但根据孔子学院数据库，在过去十年间，泰国主流媒体基本忽略了孔子学院的文化活动，只有当地华文媒体在关注。一方面是因为泰国华人及其承载的中国文化在泰国的融入或者传承程度超过其他任何一个民族。[④] 泰国从中国移民那里吸收了大量关于文化、行政和管理的元素，[⑤] “中泰一家亲”的话语对泰国民众而言更多的是对两国民间共同文化的表达，而不是政治性表达。另一方

① 与孔子学院外方院长的谈话，2019年3月，泰国曼谷。

② 与孔子学院两位学员的谈话，2019年3月，泰国曼谷。

③ 与孔子学院中方院长的谈话，2019年3月，泰国曼谷。

④ Leo Suryadinata, *The Rise of China and The Chinese Overseas*, ISEAS Publishing, 2017, p. 191.

⑤ Lu Jing, Wisanee Siltragool, Pairat Thidpad, “A Model for the Assimilation of Organizational Culture for the Communication of Sino-Thai Culture of Confucius Institutes in Bangkok and the Surrounding Area”, *International Journal of East Asian Studies*, 2019, 23 (1), pp. 18 - 33.

面是因为孔子学院的文化活动与泰国现有中文系举办的文化活动高度雷同，被认为缺乏新意，跟席卷东南亚各国的“韩流”与“日流”相比，孔子学院的文化活动还不能刷新泰国民众对中国的认识。① 如果泰国社会对孔子学院的诉求仅仅是钟情于语言的实际用途和经济价值，这无疑会降低孔子学院通过文化构建认同、增进理解的可能性，中国软实力的实际影响也会大打折扣。泰方也因此为与孔子学院的合作关系没有促成更深层次的对话和合作而表示遗憾。②

泰国社会对孔子学院和中国日益增长的（软）实力并非毫无质疑。有的大学接受了中国提供的语言文化资源，但并无意向建立孔子学院；有的大学接受了孔子学院，但并无意愿在该项目上投入更多，而是主要依赖国家汉办和中方提供的资源。③ 且目前孔子学院在管理、运营中也存在相当多的问题和隐患，中方投入资金的管理问题，长期困扰孔子学院的“三教”（教师、教材、教法）问题。还有中国派出的汉语教师对在校学生的课程选择偏好产生了影响，引起本土教师的不适。大批涌入的志愿者因不能有效沟通，并未赢得当地社会的好感。“文化冲击”普遍存在于任何形式的跨国交往中，孔子学院的工作文化也会在泰国社会遭遇水土不服，该项目需要更优质的管理和更有序的运作是泰国方面的呼声。④ 与此同时，中国在泰日益增强的存在感和影响力也持续引发泰国社会的关注。目前，泰国对“一带一路”倡议并非毫无担心，在这一点上，有研究表明泰国对“一带一路”仅表示有条件的支持。⑤ 泰国中小企业对泰国市场流通的大量中国制廉价商品表现出极大的担忧。⑥ 随着泰国中国游客的增多，中国游客的言行举止越来越受到当地媒体的关注。⑦ 且中国一些灰色资本流入泰国旅游市场和房地

---

① 与孔子学院泰方院长的谈话，2019 年 3 月，泰国曼谷。

② 与孔子学院泰方院长的谈话，2019 年 3 月，泰国曼谷。

③ 与孔子学院泰方院长的谈话，2019 年 3 月，泰国曼谷。

④ 以上均源自与孔子学院泰方院长的谈话，2019 年 3 月，泰国曼谷。

⑤ Chen Shaofeng, “Regional Responses to China’s Maritime Silk Road Initiative in Southeast Asia”, *Journal of Contemporary China*, 2018, 111 (27), pp. 344 – 361；张锡镇：《中泰关系近况与泰国社会厌华情绪》，《东南亚研究》2016 年第 3 期。泰国法政大学学者与笔者的谈话中也表明这一观点，2019 年 3 月，泰国曼谷。

⑥ Kornphanat Tungkeunkunt, “Culture and Commerce: China’s Soft Power in Thailand”, *International Journal of China Studies*, 2016, 2 (7), pp. 151 – 173.

⑦ “Chinese tourists invade CMU”, Bangkok Post, 3 March 2014, http: //www. bangkokpost. com/learning/learning – from – news/397926/chinese – tourists – invade – cmu/; “Survey shows Chiang Mai Residents Unhappy with Chinese Tourists”, Chiangmai CityNews, 2014 – 02 – 24, http: //www. chiangmaicitynews. com/news. php? id = 3302/.

产行业，引起了当地的顾虑，“请分享，请不要自私”成为泰国社交媒体上描述一些中国不当商业行为的流行词。

七、结语

近些年，随着“一带一路”倡议的实施，孔子学院在泰国的发展成为促进中泰两国系统联系的综合平台，并获得了泰国政府、王室和当地企业的支持。从这个意义上说，孔子学院是泰国政府和王室巩固中泰关系的一种软实力，但泰国社会对中国的软实力也有一定的取舍。这充分说明软实力的应用是一个双向互动过程，其中，受众因素以及关系情境既可以促进也可以阻碍软实力。正如本文所呈现的，泰国对孔子学院的接受并非源于中国文化的吸引力，而是中泰关系情景促使泰国采取了积极互动合作的行为，从而对孔子学院在泰国的发展起到了积极的推动作用。但中泰对孔子学院的诉求与侧重不同，中国方面强调通过孔子学院施加文化影响，提升软实力，泰国则较少关注文化内容，而是将孔子学院与对中国的利益诉求结合起来。这一论点与现有的软实力讨论略有不同，后者只关注权力主体的能力和行为，忽略了受众对软实力的选择与过滤能力。这种双向视角更有助于解释孔子学院在不同国家和地区的不同境遇，尤其是孔子学院目前在西方遭遇反弹的原因。当美国视中国为战略竞争对手，中美关系出现“脱钩”之势，中国的软实力难以独立发挥作用。这也意味着中国在实施软实力战略时须考虑更多受众因素，重视管理软实力背后的关系情景。

China’s Soft Power Display in Sino-Thai Relations through Confucius Institutes

Zhou Ying

Abstract: The establishment of Confucius Institutes (CIs) is a great endeavor by the Chinese government to spread Chinese language and culture in neighboring countries. It is commonly regarded by foreign countries as part of China’s soft power initiative. With the implementation of BRI, it becomes a platform to promote systematic connections with countries along the route. Based on the examination of CIs’ programs run in Thailand, this article finds that CIs made extensive efforts in these respects and garnered the support of the Thai government, Thai royal family, and local business. In this sense, CIs also serve as a soft power for the Thai government and royalty to cement their Sino-Thai relationship. Within the local community, there are varying voices. While some supported the Chinese language and cultural program, others have expressed some dissatisfaction over the role of the CIs in the community.

Key Words: Confucius Institutes, soft power, Sino-Thai relationship, two-way approach

评瓦沙娜·翁苏拉瓦特著《皇冠与资本家：泰国华人与泰国的建立》

崔　峰*

书籍信息：*The Crown and the Capitalists*：*The Ethnic Chinese and the Founding of the Thai Nation*. 1st ed. Seattle：University of Washington Press，2019，vii + 201 pp. ISBN：9780295746258.

西方学术界关于泰国华人的研究由来已久。二十世纪五六十年代施坚雅（George William Skinner）所著《泰国华人社会：历史的分析》（*Chinese Society in Thailand*：*An Analytical History*）①，爱兰·爱德华·古斯金（Guskin Alan Edward）撰写的《变化的认同：泰国华人的同化》（*Changing Identity*：*The Assimilation of Chinese in Thailand*）②，以及科夫林（Coughlin. Richard）出版的《泰国华侨之双重身份》（*Double Identity*：*the Chinese in Modern Thailand*③），都是极具影响力的泰国华人研究的早期著作。同时，有关泰国国族构建，由东南亚传统王国向现代化国家模式转型的研究成果也相当丰硕，例如通猜·威尼差恭（Thongchai Winichakul）所著的《图绘暹罗》（*Siam Mapped*：*A History of the Geo-Body of a Nation*）④。然而，纵观过去的相关研究，华人在泰国的国族构建和形塑现代国家

---

* 作者简介：崔峰，新加坡国立大学东南亚研究系比较亚洲学博士研究生，E-mail：cui. feng@u. nus. edu.

① Skinner，G. William，*Chinese Society in Thailand*：*An Analytical History*，Cornell University，1957.

② Guskin Alan Edward，“Changing Identity：The Assimilation of Chinese in Thailand”，University of Michigan，1968.

③ Coughlin Richard James，*Double Identity*：*The Chinese in Modern Thailand*，Hong Kong University Press，1960.

④ Thongchai Winichakul，*Siam Mapped*：*A History of the Geo-Body of a Nation*，University of Hawaii Press，1994.

过程中的作用和角色长期被忽略了。正如该书作者翁苏拉瓦特所言，在“冷战”的意识形态和背景下所形成的史学过于强调以西方式民族国家的框架来分析泰国国族构建的过程，因此忽略了中泰关系以及庞大的华人群体对泰国国族构建所产生的影响和作用。翁苏拉瓦特所著的《皇冠与资本家》则将华人与泰国国族构建过程相连，突出了华人在泰国各种历史转型期所扮演的极为重要的角色。这是此书对泰国华人研究和泰国国族构建研究的重大突破和贡献。

一、内容介绍

该书共分为五个章节，分别展示了从 19 世纪到“冷战”后期的泰国华人在各种历史转型期的角色和作用。在第一章，作者探讨了华人教育的发展对泰国国族构建的影响。虽然泰国（暹罗）早在蒙固王，即拉玛四世时期（1851—1868 年在位）就已经开始了现代化的国族构建过程，但直到拉玛六世（1910—1925 年在位）时期，由泰国（暹罗）王室精英主导的有关国族构建的教育依旧停留在统治阶层内部，普通泰国（暹罗）百姓接受的依旧是传统的寺庙教育。因此，绝大多数普通人并没有形成现代意义上的国家和民族的概念与意识。华人在君主专制时期作为暹罗社会的外来移民，起到了为王室繁荣经济、输送利益的角色。然而，随着中国经历从清末到民国的历史巨变，泰国（暹罗）华人以教育为媒介逐渐兴起了中国民族意识。因此，泰国（暹罗）华人社会逐渐摒弃了过去以方言和地域为准则的群体划分，形成了强大的中华民族认同。泰国（暹罗）的统治阶级认为具有民族意识和共和思想的华人社会对于泰国（暹罗）的王权是一个潜在威胁，因此拉玛六世着手推广面向普罗大众的国民教育，以期与华人教育相抗衡。此外政府也开始加强对华人教育的各种限制。不过，在绝对君主制下，富裕的上层华人和王室是互惠互利、紧密合作的关系。上层华人都是王室的支持者，被称为“好”华人；而底层华人则极具革命性，被称为“坏”华人。因此后者也是统治阶级重点压制的对象。

第二章将关注点转向了泰国（暹罗）的华人媒体。作者认为，华人媒体对于泰国（暹罗）形成现代意义上的民族国家起到了非常重要的作用。自清末以来，泰国（暹罗）的华人媒体激烈讨论了中国转型，以及如何走向现代民族国家的问题。而后，这些华人媒体最终将民族主义、国族构建等议题由中国转向了泰国（暹罗）社会本身，并逐渐吸引了泰国本土读者。华人媒体不经意间触发了泰国（暹罗）社会对于民族国家的议题的大辩论。作者特别指出，泰国（暹罗）内部的政治动向对于华人媒体的影响远远大于中国。可以说泰国（暹罗）的统治阶级主导着华人媒体的生死存亡。

第三章和第四章主要讨论了1932年暹罗立宪革命以后的民党政府为经济泰国化所做的努力，以及“二战”期间华人与中泰外交对于泰国民族主义的影响。暹罗立宪革命以后上台的民党政府发现，华人作为最大的外来群体是政府推行国族构建过程中巨大的障碍。同时，民党政府希望通过打击和瓦解华人资本家与王室之间的联盟关系来达到削弱王权、推行宪政的目的。因此，民党政府对华人采取了比专制王权时代更为严厉的打压措施。然而，由于民党政府在“二战”中与日本结盟，但王室精英与华人资产阶级站在盟军一边，因此日本的战败直接导致了王权的强势回归和民党的没落。总而言之，民党试图打击以华商资本为支撑的旧王族精英的努力随着“二战”的结束而告终。“二战”后，由蒋介石领导的中华民国政府对于曾属于日本阵营的泰国前途具有决定性影响。由于战后的中华民国百废待兴，蒋介石渴望获得具有大量资本的泰国华侨的支持，以协助国家重建。因此，蒋介石最终没有将泰国视作战败国处理。而有泰国王室成员参与的自由泰运动最终成为泰国摆脱战败国的理由。

在随后而来的“冷战”中，保皇派政客和军人形成了强大的同盟。正如第五章中所言，华人资本家为了保护自身利益，选择与保皇派以及军人合作。三者的联盟主导了“冷战”时期泰国的政治经济以及社会格局。华人社会也最终分裂成了属于保皇派的上层资产阶级和立场相对激进的城市无产阶级以及乡村工农阶级。在泰国保皇派精英所主导的叙述中，泰国华人的“好”“坏”并不取决于种族，而是取决于其所拥有财富多寡、阶级地位以及政治立场。

二、学术贡献与创新

过去西方学者所著的泰国华人的研究往往聚焦于泰国华人的可同化性，这些研究深受“冷战”时期所形成的史学观影响。西方和泰国保守派常常利用华人同化研究作为政治工具，来推行反共宣传和政策。所以，有关泰国华人的研究长期忽略了华人在泰国民族国家构建过程中的重要作用和影响力。翁苏拉瓦特则立足于中泰关系和泰国上层华人与保皇派精英之间的纠葛与合作，提供了一个跨国界的华人研究视角，并论证了华人作为泰国社会不可替代的资产阶级对于泰国在形成现代民族国家的过程中所具有的重大作用及影响。此外，翁苏拉瓦特也在该书中对于很多学术界固有的看法提出了自己的独到见解和修正。比如学术界一直以来将拉玛六世视为一个种族主义者，因为拉玛六世在位期间发表了大量的反华著作，尤以《东方犹太人》一书最为知名。然而，翁苏拉瓦特认为拉玛六世对于华人之态度与看法相较于后来的民党政府，以及西方对于犹太人之看法是有很大不同的。拉玛六世对于华人的态度并非西方式的种族主义，而更多的是经济层面的考量。这就是为什么泰国统治精英会根据华人的财富和阶级地位提出“好”华人与“坏”华人的说法。

此书也发掘了很多缺乏详细记载并且被泰国当局刻意遗忘或篡改的历史事件。比如1945年的耀华力事件（Yaowarat Incident）和1974年的唐人街帕帕猜路事件（Phlapphla Chai Incident）。该书的史料非常翔实，涵盖了中英泰三种语言的档案，弥补了“冷战”时期西方学者所主导的泰国华人研究中缺乏对中文档案的运用和分析的遗憾。该书的中文史料主要来自台北“国史馆”，英文史料来自英国政府档案处，泰文史料则来自泰国国家档案馆。

三、反思与不足

该书将华人划分为不同的社会阶级，并论证了拥有大量财富的中上层华人资产阶级是泰国本土精英的合作者并成了坚定的保皇派，而无产阶级华人则具有较激进的意识形态，并被泰国本土精英压制。然而，作者过于强调泰国华人的阶级划分以及华人资本家的作用和影响力，却忽略了泰国华人社会自身所独有的阶级流动性和不稳定性。泰国自大成王朝时期（Ayutthaya）实行萨克迪纳制度，严格划分了泰国人的阶级。虽然泰国在1932年暹罗立宪革命以后完全废除了萨克迪纳制度，然而该制度对于泰国社会的影响依旧深远。但是，泰国的华人社会长期独立于泰国本土的萨克迪纳封建体系之外，而且华人移民始终有来有往，流动于整个东南亚和中国南方省份，因此并不是一个非常稳固的社会阶级。曼谷的华人随着生意和工作的需要也会随时移居到马来亚或者其他区域，甚至落叶归根，回到故土。同时，华人资产阶级也时刻受到各种外力因素的影响而时消时长。“冷战”爆发前，高度的流动性决定了在华人群体中很难形成如泰国本地人般非常严格的阶级划分。所谓华人资产阶级，可能是一个充满变数与不确定性的社会阶级。因此以阶级分析法来探讨泰国华人对于泰国民族国家构建的影响时，也应当考虑华人资产阶级在地理上与财富上的流动性以及政治上的不稳定性。

此外，作者主要聚焦于华人资产阶级的层面，虽然也提到了上层华人面对泰国精英的妥协性，以及低层华人的反抗性，但是该书对于底层华人的着墨不是很多，欠缺了底层华人的视角。因此一些值得探讨的问题未能够展现在该著作中。富裕的华人资本家与贫穷的底层华人之间如何审视彼此？如果华人内部存在严重的阶级对立和阶级冲突，对泰国民族国家的构建又有着怎样的影响？而在华人资产阶级内部对于泰国政治以及在民族国家构建的过程中是否也存在多元的，甚至互相对立的声音？

四、东南亚新冷战史学的发展对未来华人研究的启示

总体而言，这是一部非常有意义的著作，作者论述了泰国华人资产阶级与王权之间的关系，以及华人在泰国民族国家构建所起的作用。该书的后半部分尤其涉及在“冷战”时期华人资产阶级与王权的复兴，为研究泰国华人在“冷战”时期的历史提供了非常新颖的角度。近年来，东南亚冷战史研究逐渐呈现出本土化和多元化的视角，东南亚冷战史的研究已经不再局限于传统的国际关系、大国政治，而是扩展到了文化、移民、性别、国别等不同的视角。东南亚华人社会又与冷战历史有着剪不断理还乱的纠葛。因此华人研究也可以与逐步呈多元化的冷战史学相结合，探索如何从不同的角度入手来研究华人与东南亚历史。

血浓于水：评介王苍柏《离散华人的博物馆表达：移民历史与祖籍国文化遗产》

钟逸明

书籍信息：Cangbai Wang，*Museum Representations of Chinese Diasporas*：*Migration Histories and the Cultural Heritage of the Homeland*，New York：Routledge，2020，190 pp. ISBN：0367466295，9780367466299.

《离散华人的博物馆表达：移民历史与祖籍国文化遗产》（下文简称《离》，原书名为 *Museum Representations of Chinese Diasporas*：*Migration Histories and the Cultural Heritage of the Homeland*）是英国威斯敏特大学王苍柏高级讲师的一部新作，该书前言即开门见山地点出全书主旨：海外华人的历史如何通过博物馆的媒介成为其祖籍地文化遗产的一部分？这个过程并非水到渠成、毫无争议，其中的张力和博弈为《离》着重探讨的内容。

《离》的分析框架由以下四类博物馆构成，分别为：①强调象征意义的博物馆；②旨在打响侨乡品牌的博物馆；③保存某种集体记忆的博物馆；④存在争议性、无法取得官方认可的博物馆。作为第一类博物馆的典型案例，中国华侨历史博物馆采用官方叙述模式，着重强调华侨作为国家民族一分子的地位，浓墨重彩突显华侨对革命斗争做出的贡献以及党和国家对华侨的关怀照顾。与设在首都北京的中央级博物馆有所不同，第二类博物馆大多坐落于地方县市，服务于地方政府打造侨乡形象的需要。以江门和泰州为例，江门下辖统称为“五邑”，指的是知名度更高的新会、台山、开平、恩平、鹤山，而位于江苏的泰州则远离一般认知中的闽粤侨乡。鉴于此，两地政府均亟需打响“侨乡”招牌以带动当地对外交流。作为这一特殊背景的产物，江门五邑华侨华人博物馆和泰州单声珍藏文物馆都肩负着呈现两地独特侨乡文化的使命。以台山海晏华侨农场归侨文化博物馆

（以下简称“归侨文化博物馆”）为代表的第三类博物馆大多由归侨侨眷发起建造，旨在展现他们及其父母辈筚路蓝缕、披荆斩棘建设华侨农场的共同经历。第四类博物馆的纪念对象与党和国家的关系疏远，甚至因为曾遭清算而比较紧张，故处于某种灰色地带。《离》以汕头市澄海区隆都镇前美村陈慈黉故居为例，介绍了地方官员如何不遗余力地将之打造成为当地旅游业的一张名片，却长期得不到上级的政策支持，陈慈黉后人对此一直低调处理，态度亦相当冷淡。

在方法上，《离》采取“宏观博物馆”视角，而该视角由四个互相关联、互相强化的方面构成。第一，华侨博物馆所展示的“遗产”具有跨国性质，研究者必须从空间上对其进行考察。第二，“博物馆”应该被当作动词而非名词：与其问“华侨文物”是什么，不如问某件物品什么时候开始被当作“华侨文物”。易言之，既然博物馆是动态的，就应该关注“制作（文化遗产）”的过程以及“成为（文化遗产）”背后的政治多于文物本身。第三，博物馆是一个开放空间，馆内的文物无法完全独立于馆外塑造展览的社会和政治力量。第四，博物馆是“网络”而非“孤岛”，相同主题的博物馆可能发展出独具特色的分主题（distinctive sub-themes）。在材料方面，《离》有别于利用档案、报纸、期刊、书信、日记等传统史料的一般史学著作，而是更多地依赖作者对博物馆工作人员、学者、政府官员的深入访谈以及对参观者的非正式采访（包括参观者在留言册和网站写下的观后感）。以下提出笔者对《离》的几点思考。

首先，《离》兼顾华侨博物馆牵涉各方的声音，包括中央、地方和归侨本身。或许是得益于作者长期在英国从事研究的地利之便，他并没有将视野局限于一般刻板印象（stereotype）中的华侨（如东南亚各国的苦力和小商人），而是选择以横跨商界和学界的旅英华侨单声为考察对象。更重要的是，作者并没有简单地从字面上解读“华侨博物馆”，而是敏锐地察觉到华侨远远不只是被博物馆纪念的对象——实际上，华侨和归侨出于各种考量，也致力于塑造个人或自身所属群体的形象。

美中不足的是，作者并未将中国台湾以及侨居地纳入讨论。如台湾学者李道缉所揭示，台湾并非华侨的侨乡，华侨与台湾之间并无任何天然联系。1949 年迁台后的国民党政权为了争取华侨向心力，不惜投入大量资源，努力将台湾建构成华侨的“新祖国”。[①] 其实，台湾内部对于优待华侨政策并非毫无反对声音，尤其是在资源稀缺的情况下。20 世纪 50 年代初担任“侨委会”副委员长的李朴生撰文驳斥台湾社会“对侨务若干错误之意见”，其中包括“误以为侨生回国升学是侵夺了国内学生的许多名额，拉低了大学的程度”和“误以为华侨回国投资是与国内争利”。[②] 台湾当局要抚平内部这些不满的声音，就要强调“华侨为革命之母”，所以理应享受这些优待。问题是随着台湾的“解严”与政治民主化，国民党政权长期执行的、以“大中国主义”为基础的侨务政策开始受到质疑甚至批判。在此背景下，台湾当局如何处理威权时代侨务政策的遗产，成了一个相当棘手的问题。2013 年 1 月，由台湾当局实际控制的金门县拟建华侨博物馆，甚至不得不提前派专家学者考察厦门陈嘉庚纪念馆。[③] 时至今日，金门华侨博物馆似未建成并对外开放。两岸博物馆围绕华侨的叙述以及呈现的华侨形象有何不同，颇堪注意。从 1952 年起，台湾当局将每年 10 月 21 日定为华侨节。从纵向进行比较，大陆近年来以华侨为主题的博物馆和纪念活动与 20 世纪 50 年代台湾当局在华侨节进行的纪念活动有何异同，似乎也应该构成了一个重要的关注点。

除此之外，虽然作者提出拥有较大华人群体的侨居地博物馆大多由当地华社组织建立，但是还应该注意到一些重要的例外。作为大中华地区以外唯一一个华人人口占多数的国家，新加坡有不少由文物局（National Heritage Board）管理、以华侨华人为主题的博物馆。若采用对“博物馆”较宽泛的定义，至少包括林谋盛烈士墓和纪念碑、晚晴园（孙中山南洋纪念馆）和牛车水原貌馆（Chinatown Heritage Centre）。作为新加坡沦陷前夕成立的 136 部队核心成员之一，林谋盛先后赴印度大吉岭和中国重庆，与英国当局合作抗日。他在潜入日军占领的马来半岛后被捕，并于 1944 年壮烈牺牲。1944 年的新加坡尚未独立，作为一名国民党党员，林谋盛的效忠对象无疑是重庆国民政府，今天却被新加坡政

① 李道缉：《建构新“祖国”——郑彦棻时期（民国 39－47 年）的侨务工作》，《“中央大学”人文学报》2007 年第 31 期。

② 李朴生：《侨务之检讨与展望》，第 7－8 页。

③ 《金门县拟建华侨博物馆；考察厦门陈嘉庚纪念馆》，2013 年 1 月 30 日，http：//news. sohu. com/20130130/n365112897. shtml（2021 年 11 月 21 日检索）。

府誉为抗日民族英雄，甚至写入历史教科书中。[①]（见图1、图2）林谋盛生于中国，效忠于国民党政权，但是自幼在新加坡接受教育，究竟应该算是哪国的抗日英雄，似乎存在一定讨论空间。独立后的新加坡当局长期对晚晴园低调处理，直到近二十几年才将之升格为孙中山南洋纪念馆，开始高调纪念孙中山。早在2003年，有学者就指出，时任贸工部部长的杨荣文关于“新加坡人在辛亥革命中扮演了重要角色”的讲话无不符合历史逻辑。可见，即使对侨居地政府而言，如何将作为华侨的孙中山与独立前的新加坡历史结合起来并进行适当的纪念亦非易事。[②] 中国的华侨博物馆大多强调华侨刻苦耐劳、省吃俭用的正面形象，将其描绘成受侨居地殖民当局剥削的受害者。反观新加坡国家博物馆和牛车水原貌馆所描绘的华侨形象比较复杂，并不回避许多华侨沉溺于嫖赌、吸食鸦片等恶习的现象。（图3）《离》第一部分提到中国华侨历史博物馆将华侨描绘成一个高度同质化的群体，刻意淡化不同籍贯华侨之间的隔阂。其实，这种华侨的同质化并非中国独有的现象。随着新文化运动期间国语（华语）教育在新马的推广以及抗战期间新马华侨团结抗日，新马独立以前，当地华侨逐步走向同质化的潮流就已相当明显。独立后的新加坡政府于1979年发起“讲华语运动”大大加速了这种潮流。此外，20世纪90年代新加坡制作了不少以“下南洋”为主题的电视剧，如1997年的《客家之歌》和1999年的《出

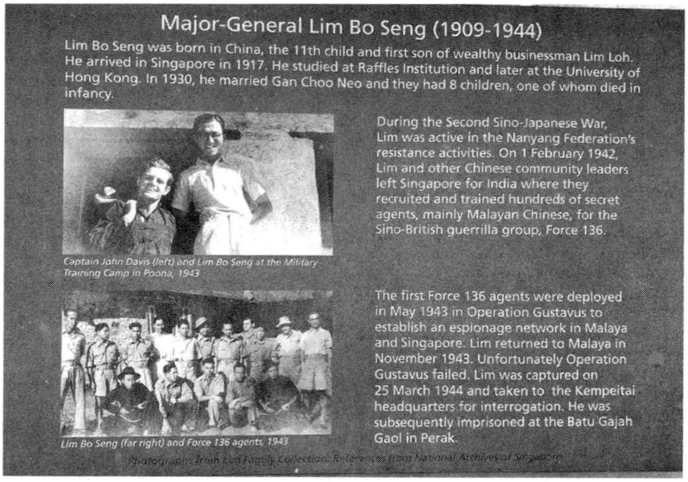

图1　新加坡麦里芝蓄水池林谋盛墓生平介绍（笔者友人Noel Ong摄于2021年5月19日）

---

① Badriyah Haji Salleh, Review of *War Memory and the Making of Modern Malaysia and Singapore*, *Journal of the Malaysian Branch of the Royal Asiatic Society*, 2012, 85（2）, p. 124.

② Eugene K. B. Tan, Re-Engaging Chineseness: Political, Economic and Cultural Imperatives of Nation Building in Singapore, *The China Quarterly*, 2003（175）, p. 766.

路》。剧中的华侨形象与国内博物馆的华侨形象有何异同?《离》并未讨论国内外博物馆的华侨形象存在何种差异及其背后的深层原因、国内外华侨同质化过程的异同以及华侨在国内外不同媒介形象的差异，让读者意犹未尽。

其次，作者在《离》第三部分并未将华侨农场孤立起来进行研究，而是探索华侨农场与博物馆展览、场员心灵史的交集，是颇具创新性的一次尝试。长期以来，现有关于华侨农场的学术研究存在着以下缺陷：一方面，已有关于华侨农场的历史大多是“死”的历史，沦为罗列人口、生产相关数据的“流水账”；另一方面，研究者往往单独研究华侨农场，缺乏华侨农场与侨务政策甚至侨居地的综合研究，以董中原的《中国华侨农场史》为例。① 不同于以往的研究，王苍柏在介绍归侨文化博物馆时探讨了官方与个人的博弈与妥协。在归侨看来，按时间顺序进行展览厅的布局，先介绍他们在印尼的生活，后呈现他们回国后在华侨农场的生活是最合理的选择。然而，从官方角度来看，归侨在印尼的快乐时光只能处于从属地位，而其在华侨农场的奋斗历程应该构成展览的核心。双方协商的结果是，归侨不得不作出让步，调整了展览厅的布局。作者进一步提出，归侨文化博物馆大部分参观者为归侨本身。对他们而言，展览品并没有多大的新鲜感。鉴于归侨文化博物馆地点偏僻、交通不便，不少参观者将前往该馆的长途跋涉视为一场“朝圣之旅”，过程（路途）甚至比结果（参观）还重要。作者能深入参观者内心世界，作出这一颇有见地的观察，实属难得。再回顾作者王苍柏其他相关研究可知，他曾对厦门鳌园作为“博弈的空间”（contested space）的特殊地位以及鳌园主人陈嘉庚的复杂性（一方面拥护人民政府，以至于镌刻“静观博物志，欢唱东方红”的对联；另一方面坚决不肯抹掉“反党分子”饶漱石的墨宝）展开深入讨论。② 作者对归侨文化博物馆进行以上考察，延续了他之前关于鳌园的研究思路，与宋怡明关于明代军户与统治阶层之间博弈的研究亦有异曲同工之妙，相信对后来者具有一定启发。③ 至于作者提到建立归侨文化博物馆的初衷在于“通过回忆重新成为农场的一分子”（remembering through remembering），是否

---

① 董中原：《中国华侨农场史》，中国社会科学出版社，2017 年。

② Cangbai Wang, The Turtle Garden: Tan Kah Kee's last spiritual world, *International Journal of Heritage Studies*, 2016, 22 (7), pp. 530 – 542.

③ ［加］宋怡明著，钟逸明译：《被统治的艺术：中华帝国晚期的日常政治》，中国华侨出版社，2019 年。

算是一种过度解读，或许是个值得商榷的问题。占相当一部分参观者的侨二代、三代恐怕未必会像自己父辈、祖辈一样细细品味、咀嚼和反思展览的内容。

最后，《离》的第四部分提到潮汕地方当局对于如何纪念陈慈黉及其家族颇感棘手，因为他们的历史地位相当复杂。其实，在不同时期，不同部门单位对陈慈黉家族的评价不但有所不同，还随着整体政治环境而发生变化。1951 年陈慈黉家族曾被视为汉奸、反革命分子。粤东党委档案记载，“该家族田三千余亩，有血债，已全家搬走，没有被斗争和退租”①。或许因为土改期间陈慈黉家族恶贯满盈的负面形象已深入人心，1955 年进行围绕改变成分的调查时，乡干部提出陈系大地主，又是官僚地主，不同意改变其成分。澄海县委统战部却提出了反对意见，认为应该改变其成分，理由是：（一）陈黉利在国外的作用大，社会关系广阔，在泰国、新马、中国香港均有相当财产，在泰国社会、华侨社会均有影响力和号召力，除了陈个人，还能借此“争取许多落后、顽固的华侨资产阶级”；（二）陈黉利在国内的土地财产均已没收，代理剥削人已依法处理，国内已无直接亲属，属于空头地主；（三）本人在国内无直接血债，国内田地房产的代管人属恶霸的，在土改时期已经镇压了。② 如果《离》能够对二十世纪五六十年代中国政府与陈慈黉家族的关系进行更深入考察，当能使该书内容更加丰富而精彩。

部分华侨华人或许担心树大招风，不想被纪念，更希望政府部门或有关部门低调处理自己回馈桑梓的善举。更有一些所谓“华侨”，根本就不太关心祖籍地，如新加坡建国总理李光耀，或许出于政治上的考量，终其一生从未参观他在广东大埔的祖居。2015 年 3 月李光耀逝世后，大埔地方政府却举行追悼会，修缮祖居和展览馆。除了主动要求被纪念的华侨（如上述归侨文化博物馆的创建人），其实还不乏在完全被动的情况下“被纪念”的华侨，这究竟反映了什么现象？

《离》提到国内的华侨博物馆还有意无意省略了华侨史的其他更多方面。例如，1950 年的《婚姻法》对华侨侨眷造成了哪些影响？战时日军对东南亚华侨（无论是新客还是土生华人）进行无差别的屠杀、虐待，再加上战后中国跻身

---

① 《潮汕区八字运动中对华侨家属待遇问题的材料》，汕头市档案馆，档案号：D002/1/31，第 49 页。

② 《县委统战部关于澄海县华侨人物及其家属等情况调查报告资料》，1955 年 4 月 20 日，澄海区档案馆，档案号：1 – A12. 1955 – 10，第 3 页。

“四强之列”，以致部分土生华人经历了“再中国化”的过程，民族文化认同发生变化。为何国内博物馆普遍关注土生华人中的娘惹、峇峇群体，同属土生华人的另一个重要群体“国王的华人”（具有华人血统的英籍民，King's Chinese）却经常缺席相关展览？美国学者葛凯（Karl Gerth）的研究表明，“三大件”（手表、自行车、缝纫机）在二十世纪五六十年代中国的流行显示了当时其实是个消费主义盛行的时代。① 华侨在推广“三大件”方面扮演了什么角色？虽然已有研究（包括沈惠芬、陈佩珊、王赓武等学者）对以上部分问题进行了初步探索，但是学术界的最新成果似乎未能进入华侨博物馆。这是否意味着学界与社会大众发生了某种脱节现象？

近年来，新加坡学者王纯强回顾了从晚清到“二战”期间，中国政治和民间记录中关于海外华人的论述，推翻了“时下流行的观点，即相信中国民族主义者所成功宣称的海外华人被重新动员并纳入了中国”。他认为，“域外的中国民族主义并不强调这种包容，而是建立在将之分离为一个次民族团体”，而且“对移民的偏见始终存在，中国人仍将华侨视为粗野、落后的，甚至是已经失去了‘华人性’的”。② 因此，将处于大中华文化圈边缘的华侨华人纳入国家民族历史，本来就注定是一个充满挑战的过程。作者以发人深省的问题“海外华人的历史如何通过博物馆的媒介成为其祖籍地文化遗产的一部分？”开头，给人以别开生面、耳目一新之感，其选题眼光之独到亦令人钦佩。在解答问题过程中，作者填补了“离散华人的博物馆表达”的空白，同时更为后来者提出了更多有待解决的问题。由此可见，“离散华人的博物馆表达”是个富有张力和潜力的课题。《离》不过是这一领域的开山之作，后来者依然大有可为。

---

① Karl Gerth, *Unending Capitalism: How Consumerism Negated China's Communist Revolution*, Cambridge University Press, 2020.

② 王纯强：《约莫是华人——“华侨”与海外华人的边缘化》，《华人研究国际学报》2017 年第 9 卷第 1 期。

图 2　新加坡麦里芝蓄水池林谋盛墓墓碑（笔者友人 Noel Ong 摄于 2021 年 5 月 19 日）

图 3　新加坡国家博物馆馆藏新加坡华侨烟民照片（编号 1995 - 01605，https：//www. roots. gov. sg/Collection - Landing/listing/1082435，2021 年 11 月 22 日检索）